职教路上

白国祥　著

北京理工大学出版社
BEIJING INSTITUTE OF TECHNOLOGY PRESS

图书在版编目（CIP）数据

职教路上／白国祥著. —北京：北京理工大学出版社，2020.6
ISBN 978 - 7 - 5682 - 8606 - 0

Ⅰ. ①职…　Ⅱ. ①白…　Ⅲ. ①职业教育 - 教育研究
Ⅳ. ①G712

中国版本图书馆 CIP 数据核字（2020）第 107945 号

出版发行／北京理工大学出版社有限责任公司
社　　　址／北京市海淀区中关村南大街 5 号
邮　　　编／100081
电　　　话／（010）68914775（总编室）
　　　　　　（010）82562903（教材售后服务热线）
　　　　　　（010）68948351（其他图书服务热线）
网　　　址／http：//www. bitpress. com. cn
经　　　销／全国各地新华书店
印　　　刷／保定市中画美凯印刷有限公司
开　　　本／880 毫米×1230 毫米　1/32
印　　　张／7. 125　　　　　　　　　责任编辑／徐艳君
字　　　数／200 千字　　　　　　　　文案编辑／徐艳君
版　　　次／2020 年 6 月第 1 版　2020 年 6 月第 1 次印刷　责任校对／周瑞红
定　　　价／69. 00 元　　　　　　　　责任印制／施胜娟

前　言

我是一名职业教育工作者，离开大学校门、走进职校已经整整三十年了。2019 年的春天，《国家职业教育改革实施方案》出台，恰我校"技能名师工作室"建设如火如荼，乘改革东风与建设的"快车"，为更好地探索职教之路、借鉴职教模式、传承职教新人，我写成此书。

具体说来，这本书有从教三十年的职业教育工作者难忘而又温馨的回忆，是我对职业教育在一所职校的"三十年河东与河西"不同风光的全景概述，也是我从特别的视角对职业教育的深刻感悟和静心思考。

全书分成三部分：上篇，"闲思与遐想"，共十四篇文章，是我的读书笔记、教学反思、管理思路和教育随笔之集合，若读之，可直接触摸一个职教工作者的思想灵魂深处；中篇，"看法与说法"，共二十篇文章，是我参与的有纪念意义的重要职教活动和在三十年的职教生涯中取得重要成就的典型案例和经验总结，若读之，如身临其境，我们可共同回眸职教的风雨之路，沐浴大力发展职教之春风，想必会让你思绪翻腾，感慨不已；下篇，"论点与观点"，共十五篇文章，若读之，你会陷入职教的哲理思考与职教的研究探索之中，感受当下职教人，尤其是一名职教思政课教师和教学管理者的职教情怀与执着的探究精神。

若此，这本书则是广大职教同行不可多得的好伴侣，是职教研究者深度寻觅的好参考，也一定会是职教新"战士"奋进的一盏小橘灯。

我很欣慰与你共行在职教之路上，期盼你我共同欣赏更多的职教美景。

白国祥
2020 年 4 月 23 日

目　　录

上篇：闲思与遐想

中篇：看法与说法

下篇：论点与观点

上 篇
闲思与遐想

"文明其精神"之体育课堂

2016年12月14日，学校新的田径场投入使用已经一周有余。今天是星期三，我上周到南宁带队参加"创新杯"美育课教师教学说课大赛，今天又到杭州参加河南省教学管理干部培训班的任务。

8点30分约定从学校出发，我突然想起上周交代体育组陈会杰主任关于体育课"规范流程，注重标准"的工作一事，正好有这个时间，我来到了后操场。赶巧的是陈会杰主任也正好站在"思品路"的南头检查教学秩序，我俩聊起眼前正在新的田径场上体育课的四个班级。

有一个班的准备活动刚做完，学生松散地站在田径场西南角的跑道上喘着粗气，远远在跑道的西北角有一个庞大的男生班级在老师的口令声下正沿着五条跑道跑来，但西南角这个班的学生像没感觉一样。看来体育教师根本没有在同一场地上体育课要相互避让的意识，这里是否有一个学校统筹安排场地的问题呢？

举目望去，远处有一个小班的体育老师正在点名，学生有气无力地答"到"，后排的个别学生有低头运球的，这个班的体育老师视而不见或根本没有看见。

第四个班的位置大约在"思品路"的南侧偏西，主席台旁边。学校新建的田径场的主席台南边有一小路被命名为采阳路，是全体师生在餐厅二、三楼就餐后返回的主要通道，故产生的垃圾较多，有些垃圾甚至被带到了田径场，甚是不雅。学生工作部几次强调，效果仍不明显；保洁员也努力工作，仍有死角。我在去南宁出差前的12月5日下午六点左右，将体育教学负责人陈会杰、后勤工作负责人赵国斌、学生工作负责人刘树兴叫到办公室，为管理使用好新田径场具体要求了一番，今天看来，收效是有，如"瓜子问题""口香糖问题""跨越栏杆问题""搭放衣服问题""体育器材安全使用问题""东南角垃圾清扫问题""见习生忙起来问题"以及"体育场地上课期间临时有形封闭问题"八个方面基本上看不到了。也许是由于新鲜感吧，也许是由于各方面都在各自的领域里强调要求了，总之，体育课大体说得过去。陈主任说，跟踪了几天，有问题及时纠正，效果才是这样。

我不满意的是这第四个班上课地点周围的垃圾还是有碍观瞻。一个教学校长的责任驱使我移步到这个赵老师带的 16 级双证汽车班学生面前，我让陈主任与赵老师交代几句，我向全班学生宣布了"借用五分钟、学会一技能，白老师与双证汽车班级的体育小游戏活动"方案。陈主任与赵老师在旁边观摩。

这个小游戏活动共五分钟，分三个阶段。第一个阶段是半分钟动员，我讲清意义，尝试让学生"令行禁止"，阐述利弊得失，表明游戏动机。我的话如下："同学们，上午好！我是教学校长白国祥，想借用大家五分钟的时间行不行？下边，听我口令，原地踏步，一、二、一，一、二、三、四！很好，口号声音洪亮，步伐整齐一致。接下来，有一个小游戏，像刚才一样，大家听我指挥，集中精力，蓄势待发，瞄准目标，准备战斗，一举获胜，好不好？"

可想而知，学生的情绪是多么高涨！十六七岁的孩子，第一次听说教学校长要指挥大家打仗，好动争强的性格肯定使每一个人都摩拳擦掌，似乎马上自己将成为战场上的英雄人物一样。

可战斗的武器是什么？敌人在哪里呢？如何立功呢？第二个阶段，我的用意是学生通过快速跑步拣到垃圾，将其扔进最近的垃圾箱，回到原位置，时间最短者为优胜者，我记下前 10 名的名单。

接下来的场面大家完全想象得出来，当我即将下达命令时，50 双眼睛早已瞄准了各自的两个目标：垃圾所在地、垃圾箱所在点。一分半钟后，50 名学生全部大喘着气跑回来了，结果我记下了 10 个学生的名字（在赵老师帮助下），并让他们自豪地站在了第一排，其余 40 名学生主动站在了二、三、四排。我通过观察，看到了有几个学生是无功而返的，因为一个较近的目标同时有几个学生瞄准是必然的，有人得，必有人失。我在用半分钟安抚带鼓励的同时，脑子里飞速想到考察一下这40名学生里到底有多少"空手而归"者，验证一下学生的诚信度。我试着用举手的方式来求证答案，此时有6名学生举起手来，面对此情此景，我的话如下："同学们，我没有想到的是，我们16级的学生仅仅入校几个月，而你们的诚信度深深地感动了我。前排的10名同学是第一次战斗的有功人员，举起手来的6名同学更是短暂的德育战场上的楷模，他们敢于说真话，不畏失败，直面现实，诚信做事，难能可贵啊！我建议同学们应该将崇高的敬意投向你身边的诚信好同窗（此处不仅有掌声，更是热烈）。"第二步的游戏，我的方案是将前10名和举起手的6名共16名学生组成一个PK（对决）小团队，再一次重复刚才的游戏，这一步几乎成了"打扫、清洁战斗后的战场"，难度加大了，但因为"英雄"与"楷模"的机智加执着，每个人绝对不会竹篮打水，我观察到他们有的人甚至为完成任务跑到了田径场以外打击"敌人"。原地观战的40名学生和陈主任、赵老师此时满脸笑容，满心高兴。其他邻近的三个班的师生莫名其妙，不少眼光也投向了这里。我的心里明白，不用宣讲，行胜于言啊！

第三个阶段，剩下一分钟了，我重新整理了队伍，也整理了一下自己的思绪。因为我走进这个体育课堂，是临时动议，仓促上阵，考验的是老师全方位的素质。我一个有26年教龄的老教师到底怎样画龙点睛呢？

记得在我的侄子白冰上大学时，有一天我咨询其大学体育课学什么内容。侄子向我描述了在大学校园里，老师将学生分成几组，每组发一张校园建筑物的方位图，要求几组学生同时出发，在规定的时间内自选线路找到若干个目标后按返回的时间长短顺序来判断胜负。他说老师将此运动叫作体育定向运动。今年我校体育老师集中培训，我带队到信阳师院体育学院学习时，又听我的大学老师梁超勋讲起了此事。通过百度，我了解到此运动起源于 19 世纪的瑞典，最早在军营开展，但作为一项体育项目开展是在 20 世纪初的芬兰、挪威、丹麦以及瑞典等国。1932 年，在全世界范围举行了第一次定向运动比赛，1961 年，国际定向联合会（IDF）在丹麦的哥本哈根成立。严格、严肃意义上的定向体育运动的意义有六个方面：一是强身健体，增强体质，提升速度、耐力、柔韧性、力量、灵敏性等身体素质；二是如果是定向越野的话，也是一项有利于智力发展的运动项目，可以作为大脑的"调节剂"；三是在培养人的道德品质方面有独到作用，让参与者具有团队精神与集体力量，尊重同伴，相互鼓励，奋力拼搏；四是拥有回归自然，赏心悦目的无限快乐的感觉；五是接触不同的人群，可以积累丰富的社交知识和经验，提高社交能力；六是可以带动相关产业和服务业的发展。

想到此，我收回了思绪，再次回到眼前，当前职业教育的春天正在走来，新上任的教育部陈宝生部长用六个关键词让我们职业教育战线上的工作者为之兴奋。他说："要让职业教育香起来，香不香主要看思想；要让职业教育亮起来，亮不亮主要看质量；要让职业教育忙起来，忙不忙主要看市场；要让职业教育活起来，活不活看政策；要让职业教育强起来，强不强主要看成长；要让职业教育特起来，特不特看工作。"这五分钟的体育课的思想创新在于让学生遵循毛主席早期的教育思想，"文明其精神，野蛮其体肤"，育人于教书之中；这五分钟的体育课的质量在于一个德育课老师与体育课老师的"双元结构教师小组"的复合课；这五分钟体育课的特色在于我置换了典型运动中的定向目标，在特定环境下，在特殊的时间段，我这个特殊的德育课校长主持开展的特殊小游戏活动。游戏活动"短、小"，如何让它持久、广泛地在这个班开展下去并影响带动全校的体育课以至公共文化课与专业课呢？

我觉得，我不能再思考下去了，信守借同学们五分钟时间的约定，我的话如下："同学们，首先，我们这个 16 级双证汽车班班主任张老师我熟悉，他是个优秀的尽责有担当的好老师，不然在刚刚过去的小游戏活动中，我不能欣赏到如此动人的画面，我要为这个优秀的团队点个大赞！其次，我要为我们目前经过两个小游戏活动之后形成的三个小组——"英雄""楷模"和"上帝公众"点赞，你们之中的"英雄"是无敌的，你们之中的"楷模"之树一定是长青的，你们之中的"上帝公众"（34人）是拥有正能量的用心凝聚起来的坚强团队，三个小组是流动的，角色是互变的，像汽车的发动机与传动、驱动装置，相互给予对方力量且目标一致，永远向前。再次，我要为你们指明一个努力的目标，自今天开始，你们在赵老师的具体策划下，每周做一个小游戏，丰富生动，创新不断，积分累进，长期坚持，久久为功，定能锤炼意志，潜移默化，修身养性，不断提升自己的综合素养。若此，先进的个人与优秀的班级团队定将在全校76个教学班级当领头羊。最后，我宣布，张山青等14名学生本学期体育课成绩加2分，16级双证汽车班记集体特色教学活动一次，报教学部备案。同学们，好不好?!"

五分钟的体育课小游戏活动结束了，我将班级交由赵老师继续进行原计划的教学内容。当我与陈主任远离田径场转身回望整洁的体育运动场所时，心中再次坚定了体育课的"规范流程、注重标准"八字目标。我坚信在"思健路"与"思品路"环抱中的河南省工业科技学校的特殊课堂，在广大辛勤园丁的努力下，经过三年熏陶，沿着"星光大道"，一定能摘取职业教育皇冠上的明珠。我顾不得陈主任又与其他三个体育老师言谈，时间几近起程，我不免心里畅快一些。

（此文写于2016年12月15日，是我在飞奔的高铁上思索，在美丽的西子湖畔完成的。我很高兴已经把读书、反思、践行的习惯养成于自己的学习生活和工作之中）

连霍高速洛阳瀍河站的遐想

从 2010 年到 2017 年，我可以回想起来到洛阳有九次，但到瀍河站下的次数很少，以此为标题，便于我加深对瀍河站的印象。

2017 年 3 月 2 日，我到洛阳铁路机车职业学校督导 2017 年度国赛"数控综合加工技术"和"装配钳工"两个项目的选拔赛。在瀍河站下去后不到一公里就到了洛阳市启明东路尽头的这个学校了。

看到站牌，我想到更多的是洛阳九次之行。2010 年全省开展教学质量评估，职业教育研究室宋安国主任与我等一行五人到洛阳、三门峡两个地市的省属中专学校调研；从 2011 年到 2016 年间，我分别因督导省级职业技能比赛、职教科研课题开题交流、全省文化基础课水平测试、全省信息化教学交流会、汽车专业校企合作调查研究，全家三口人春节期间到洛阳旅游以及两次去西安途中在洛阳短暂停留等，也踏上过洛阳这块神奇的土地。从内心里，我对十三朝古都洛阳一直是向往的，每次到洛阳我都会有小小的激动。

毋庸赘述，禁不住又说起。洛阳是中华民族重要的发祥地，建都于洛阳的十三个王朝分别是夏、商、西周、东周、东汉、曹魏、西晋、北魏、隋、唐、后梁、后唐和后晋，历经 1600 余年。从夏商到唐宋达 3000 年的时间里，洛阳一直是全国的政治、经济、文化的中心或中心之一。北宋史学家司马光在《过故洛阳城二首》中"若问古今兴废事，请君只看洛阳城"的诗句，是对洛阳厚重历史最为精辟的概括，至今为后人广为传颂。试想上下五千年，多少风流人物在这里描绘出无数雄伟壮丽的画卷，多少英雄豪杰在这里谱写出无数可歌可泣的诗篇。

下午四点半左右，我来到学校门口，迎接我的是吕洛智副校长，我俩近三年见面次数较多，可称老朋友。老吕长我两岁，河南大学毕业，原在中学任职，后调进机车厂技校，在该校改制后，跟随现任程红旗校长并任副职十多年到今天。听说，当年洛阳市职业教育界勇敢发起"优质课评选"并力主推行"教学质量考核体系"的四个知名教学校长，老吕算其中一个，且是唯一的男同志，其他三位响当当的女校长分别是旅游学校的李淑珍、第一职业高中的乔云霞和第四职业高中的冯俊勤。幸运的是，他们四个我都认识，有两个人还很熟，心中不免有些许自豪，真为洛阳市至今如火如荼的职业教育业态势欢欣鼓舞，它仿佛有我的参与。的确我有诸多的感悟与体验，因为我在教学校长的岗位上也干了十二年了，感同身受啊！

老吕正在轻松地组织此次选拔赛，市局及程校长都很重视。在不经意间，他满足了我近期的兴趣热点需求，在闲暇时间带我来到洛阳图书市场，我淘了大小七本书，用当地话说是心里"老美"。傍晚，我俩就近吃了"祖母大锅台"地锅菜，谈资甚丰，酒添话稠，触及内心深处，可谓动情。我没有多大本事帮助老吕，仅凭多年行政职务工作的经历，有两句忠告：一曰重要（大）事书面"上奏"；二曰定期择时倾心交流。也许于我有益，不知对老吕可否帮助一二。我俩都已过知天命的年龄了，二两小酒下肚仍然有话痨之嫌，也许能释放一些负能量，希望对双方生活、生存、生长有利。

本次选拔赛的裁判长是省轻工业学校的车世明主任，也是两次共事的好伙计。因我迟到（高速不畅）加上他的高度责任心使然，他一夜之间嗓子哑了，但仍继续工作。其间我曾试图劝说其果断减掉一些认为可以不做的工作，车主任考虑到万一可能发生的情况，还是带领他的团队工作到后半夜1点43分。特别是当我知道参与工作的张振离教授刚刚做了心脏搭桥手术，心里不免后悔又自责，庆幸一切平安。省职教室教学部的杨全栓主任常说，"让车主任当裁判长，可省心了"，在本次工作中我深深体会到了。我有这样一个心愿：有机会，在非工作时间，我诚邀车主任长谈，交个好朋友。作为理工科的老师，他是河南省中职圈里的榜样。与车主任在一起，我想到了涂俊礼，他是郑州市卫生学校的纪委副书记、德育课老师，"刚刚的"。他们俩，一文一理，张弛有度，爱岗乐业，让职业教育有滋有味，把自己的小天地经营得让人如沐春风，风生水起，从他们身上，我真正看到了职教教师幸福的样子。

返程新乡途中，路过平原新区供销社的高职校区，我停车见到了杨雷主任，他热情地带我来到施工现场。了解了财经学校已两次贷款，共计9000万元，2017年4月20日左右，高职申报工作基本画上句号，我明白了周邦平书记前几日被抽调走的紧迫性了。我祝愿供销社职业教育在提升层次上大步向前，抢抓机遇，一举成功！

我一路上翻看陈长安著的《诗话洛阳》（2008年3月第一版），解开了我对洛阳是隋唐东都城的疑惑。公元580年，周（北周）宣帝死，静帝时年8岁，以杨坚为相国，总理朝政，进爵隋王，次年2月，杨坚废帝自立，筑大兴城（今西安东南）为国都，国号隋，是为隋文帝。公元604年7月，太子杨广杀父自立，号炀帝，11月下诏于伊洛建东京，次年3月，令杨素、宇文恺赴洛阳营建东京，一年建成。公元618年3月，宇文化在江都杀炀帝，隋亡，隋都洛阳15年。次年5月，隋恭帝禅位，唐王李渊称帝，国号唐，都长安大兴城。唐高宗显庆二年（公元657年12月），以洛阳为东都，从此洛阳成为唐的国都，高宗跟随武则天常住东都。此后虽李唐皇帝多居长安，洛阳仍保留着东都地位。洛阳作为唐东都达250年。五代时的梁、唐、晋都曾在洛阳定都，但时间较短，且没有多少修建，对都城面貌影响不大。因洛阳东都城主要经历隋唐两朝，故考古学上称"隋唐东都城"。隋唐东都城位于洛阳市中心，北倚邙山，南对伊阙，东逾瀍，西至涧，洛水横贯其间。是否有点长知识了？

一路上，我还翻看了《洛阳名胜》（胡明可编著，1993年4月第一版）有关嵩阳书院的介绍。我知道书院位于登封城北的嵩山主峰峻极峰下，南可俯瞰登封古城，景色宜人，气象非凡。书院门前有楹联，"近四旁惟中央，统泰华恒衡，塞山河拱神岳；历九朝为都会，包伊洛瀍涧，治风雨作高山。"我没有看书院的详细介绍，只是马上想到我国宋代著名的四大书院：一、江西庐山的白鹿洞书院；二、湖南长沙的岳麓书院；三、河南登封的嵩阳书院；四、河南商丘睢阳区的应天书院。前三个书院，我分别于 1993 年、1998 年、1991 年游览过，因准备不足，思虑甚浅，走马观花，可惜的是第四个书院近在咫尺，未曾去过，遂动了念头，真想一览胜迹。书院是中国历史上的"大学"，文化大省河南的书院当居其首，作为河南人的自豪与对历史知识的渴望，我的心情是复杂的。

洛阳此次行，真乃不得闲啊！

（此文写于 2017 年 3 月。作为河南人，我每每与外省的同行谈到河南洛阳时，满满的自豪感溢于言表。我尽管多次到过洛阳，但是总也看不完，看不够，总想多了解一些，对人家多说一些洛阳，让我们的文化大省声名远扬）

杭州培训感受多，思想火花齐碰撞

1. 全国职业教育看江苏，江苏职业教育看常州。常州市教育局分管职业教育的局长胡鹏给自己立了个规矩，每个学期都要到几所职业学校听几节课，绝不当只听汇报的官，他要亲身感受职业教育一线课程的原生态，这叫作原汁原味。

2. 对我国职业教育的看法。"工学结合、半工半读、做中学、做中教"这句话，涉及的"做"与"工"的场所均在企业里（"双元"之一元）。然而，在校企合作中出现"一头热"的现象关键原因在于没有国家层面上的立法，这样，我们的职业教育充其量也只是初级阶段。苏州工业园区职业学院单强院长认为，首先，校企合作共分四个层次，由浅入深，分别为1.0顶岗实习（或企业到学校开招聘会议）；2.0校外实训（或企业员工到学校培训）；3.0学校有企业的冠名班（或企业自己的订单班已经设在学校）；4.0学校设立教学工厂（或在企业办有企业大学）。然后，他还讲，校企合作有三种形式：一是人力资源的合作；二是培训资源的合作；三是研发资源（偏重高职）的合作。最后，校企合作的机制是否形成要三看：一看文化价值观是否相互认同；二看双方战略架构方面是否相互信任；三看项目人员是否交流频繁有序。所以校企合作呈现的不只是校长与老总的杯子碰在一起，而是要让有项目合作的校企双方人员的血液真正地共同流通起来。

3. 职业学校的核心竞争力是品质问题，即人才培养的品质。具体解释为品即德行，是软技能的代表；质即技能，是本质。要明白三口成品，众口铄金，广为宣传，练就内劲，也即聚焦内涵强建设，久久为功铸品牌。

4. 常州职业教育的经验告诉我们，把握职业发展的两个方面。纵向发展是中高本硕上下贯通发展，建设现代职业教育体系，让本科生低就业率的耻辱不在职业学校被重视，让淘汰教育见鬼去吧；横向发展就是融通发展，包括普职融通，教育部门与人事部门的融通，教育、企业、行业的融通等。把职业教育放在更加突出的位置，常州市教育局决定，每年的招生顺序是先职业学校，后普通高中。

5. 关于专业协调发展问题，大力发展品牌特色专业。相同的专业追求品牌，不同的专业差别化竞争、错位式发展。即便是个别专业，也必须是特色专业，否则被"砍掉"没商量。

6. 关于"双创"教育。"双创"是培养不出来的，学校能做的只有孕育、孵化和播种。常州成立了21个"三创"（创新—发明、创优—技能提升、创业—小微企业）导师工作室，每个工作室年注入3万元资金，每年全市开展双创大赛。人数虽然不多，但其作为新生事物，要被职业学校人多加关注，倍加呵护。

7. 对职业学校信息化建设的认识。面对第四代智能手机的上市，电信公司网络不断升级，手机完全可以作为学习的终端。要坚信职业学校的信息化水平一定能超越普通高中，因为普通高中面对升学的巨大压力绝不能贸然试验，这正是职业学校的翻身、转型及转变社会对职业学校看法的良好契机。原因主要是在职业学校的老师中懂信息化的人多，职业学校的学生升学压力小，职业学校老师有相对较长的整块研发时间（相对于普通高中老师）。

8. 要求每个老师都要建"网上教学个人空间"。领导的带头作用、骨干的示范引领、专家的技术帮助、政策的倾斜指向都将广泛地推动信息化。

9. 关于职校教育的国际化问题。每所学校（或某个专业）一定要有对外合作的平台或渠道。国际化主要是个标准问题：一是培养目标的国际化；二是培养体系的国际化；三是教学模式的国际化；四是教学资源的国际化。

10. 常州校企合作的做法有两个方面的问题：一是"厂中校""校中厂"的问题；二是职校集团的问题。胡局长考虑最多的一个是在企业建设大学或校企共建职业大学，另外一个就是企业在学校建设职业培训中心。思考我校汽车专业的几个紧密型的企业伙伴——苗勇、广森、忠诚、大众、洛阳豫涛等，应该结合技能名师工作室实际任务有效作为，仅此才能使校企合作的机制建设落地生根。

11. 聚焦专业群的建设，不轻易对某个专业说不。这是针对专业建设，要明白这里有一个专业建设提升的循环往复的过程（马克思主义的认识论），理解这个过程是一个闭合的循环，是优化专业结构→优化课程→人的优化（双师，能文能武）→理念的优化→综合能力的优化。

12. 什么是高质量的课堂？①理实一体化；②项目教学；③多种教学方法并用；④信息化手段和数字化；⑤资源充溢；⑥灵动而高效。在此引申如下结论：方法比知识重要，思路比结论重要，问题比答案重要，体验比接受重要。这或许就是职业教育一步步规范并成为吸引人必走的道路。

13. 再谈信息化，落脚在"应用"。在信息化的建设过程中，设备、技术、资源、资金等均不是主要问题，最大的问题是对于信息化畏惧的心理。真正的信息化教学改革的阻力在于学校的骨干教师，正所谓"成也萧何，败也萧何"。要充分认识到信息已经真正改变了我们的生活方式，可以说信息颠覆了三代人的认知。无论是学生的学还是老师的教，面对新时代的氛围，老办法都不管用了，新办法我们不会用，可真是活人要被尿憋死了。

14. 聚焦职业精神。大谈"德行"，拒防"跳槽"。统筹推进课程育人、活动育人、实践育人、文化育人等。在一个三角形中来认识职业精神在学生"德行"方面的重要作用，即德识→德行→德性。

15. 关于信息化教学的小软件"课堂派"。这是基于微信开发的镶嵌在微信之中不需要注册的课堂教学与管理的小工具，与其他软件如"Q学友""超星学习通""兰墨云班课"等的优劣不同，其可以被推荐给"职教鲶鱼"侯银海导师，启发一下我校的高三尖子生寒假培优班级或国赛的教练选手，也许互动管理监督效果更好。我也下定决心，在教学管理中首先用此信息化手段，以上率下，广泛推进。

16. 有一个余姚健峰培训学校（台湾人创办），宁波市教育局不惜花重金 60 万元，用五天时间的培训让主管局长和职业学校的教学校长感悟一个台湾人的管理标准与思想，我听了这个故事，感觉非常好。锦堂高级职业中学的陆校长反思的却是"7S"汽车专业学生的管理理念，他更欣慰的是带出的教师团队外出参观，起立后所有教师主动将凳子放回原位的做法。我在想，我们的毕业生或顶岗实习的学生离开学校时到底养成了哪些好的习惯，又有几个动作会影响其职业素养或终生行为呢？举例说明，余姚健峰培训学校的"一个晚上辅导员四次查寝的规定""合影照相时的喊名字排序的口令""吃饭时黑白两双筷子的使用""安排住宿房间时考虑到打呼噜抽烟的细节"等做法，的确感觉很新鲜啊！

17. 陆校长谈到他在 20 年的职校生涯中就做了两件事情：一是用三个课题支撑了一个专业建设；二是连续 10 年参加了"国赛"提升了师生的技能水平。三个课题分别是 2008 年左右写就的"项目循环制的教学模式的实践研究"，2011 年写就的"基于多维功能的校企循环教学模式研究"，2015 年成形的"车·锦堂教学工厂的实践探索"。我仔细研读，一幅幅锦堂高级职业中学的近 60 名汽修老师的转岗培训、进入大学三年级跟班学习、企业顶岗进行项目循环等画面在我面前一一展现，我似乎明白了"钢铁"是怎样炼成的了。

18. 锦堂高级职业中学 8 年前在校企合作中投入了 100 万元用于建汽修厂解决学生实训问题，今天面临诸多问题，不得不重新思考校企合作的模式，升级汽修厂成第三个课题"车·锦堂"的样板。陆校长用"梦想·基金"基本解决了教师进一步发展的需求问题。每年浙江省的"中职大类招生三次选择四个方向"模式，用最灵活的政策让更多走进职校的学生找到了最佳的自我发展的机会。锦堂高级职业中学在近几年也探索了 A（60 万元）、B（40 万元）、C（20 万元）三种办厂的"肯德基模式"，展示出了一个自我发展的"村"办职业学校在全国闻名的职教新模式。

19. 单纯的 Flash 基本被淘汰，ONE CLICK、PS、美图秀秀、美颜相机——交互式的 Flash 也许正是现代信息技术应用的简单而有效的手段。要非常坚信 PPT 仍有强大的功能，要清楚 PPT 技术不是问题，PPT 的教学设计理念是难题，有无教学设计的 PPT 会产生天壤之别！

20. 微信，每个人都可以用一个身份证申请 5 个"订单号"，若粉丝超过10000人，厂商有广告推送，每天就是上百元。上海某中等职业学校助理讲师陈小芳的"烘焙日记"（网络学习个人空间）有 43000 人关注，中等职业学校教师利用信息化成为"网络红人"。这是成就自己、幸福他人的典型。

21. 沪江网的名师背后都有一个团队，据说月薪 30 万元，徐斌斌老师的小女儿每天 7～8 点准时学习小学数学，孩子的学习成绩大大提高了。据说该平台有 10 万人在线，每天学习 1 小时折价 8.1 元。为解决"亲其师，信其道"问题，沪江网采取了线下的亲情教育。广东交通技师学院今年暑假后 26 人离职进军信息化职业教育、小米的 CEO 雷军进军职业教育培训并 PK 新东方的基础教育都是职业教育的爆炸式新闻，我们要持续关注。

22. 关注一个网，中国职业教育信息资源网——"爱课程"网站。据说沪江网的校长是江苏行知学校的吴虹。沪江网的发展充分体现了在这个社会一个人干不过一个团队，一个团队干不过一个平台，一个平台一定会输给一种趋势。线上点击率低的老师线下去辅导的结果大家心知肚明：辛苦、不挣钱，还没有成就感啊！

23. 关注同济大学"师培在线"，其为专业的职业教育学习平台，共有九大服务功能。

24. 提醒做学问的老师，信息化的平台也会给你省钱的。如在淘宝网输"中国知网账号"，有下载券（冰点下载），你会有令人惊喜的收获。

25. 梅泓主任的讲座中有一段视频，讲的是"人的潜能的培养分析"，其用在职业教育非常适合，可惜没有视频资料，我要想办法拿到视频，服务于学生的潜能开发教育，效果一定不一般。

26. "教"与"研"的关系用两句话可以讲清楚：教而不研，太浅；研而不教，嫌空。

27. 美国著名的斯坦福大学有一个"开放式"教学——由学生来讲。我的启发是，我校的专业教学中使用的"小助教"，军训使用的"小教官"，不正是解决了课堂死板、分组难管、设备不足、军人难找的问题吗？我们的毛病在于没有很好地总结，没有一步步地提炼、完善、推广、固化并形成标准。

28. 小米 CEO 雷军的互联网七字诀：专注、极致、口碑、快。

29. 广东一所职业学校大胆尝试开设学校内部 MBA 班，小班额，目标具体，提升较快。我校可以借鉴这所学校的经验。

30. 邬宪伟校长讲，关于学校的办学特色，绝不能是体育或军事化管理，严格意义上讲这不是职业教育独有，普通高中也行，所以我们的特色必定聚焦专业。同时明白，办好职业教育，没有兼职教师是不行的，要特别对待，有特别政策，搞特别管理，在领导心目中有特别的地位。

31. 有一本书名叫《职业学校的领导》，由邬宪伟校长撰写，专此声明一下，用任务引领的方式写不妥，这样不能很好地体现校长的管理思想。

32. 关于一所学校的专业设置的原则要三看：一看当地的劳动力市场；二看转移的劳动力市场；三看高移的学生去向（升学，如财会专业）。但是有些县中专大部分学生都升学，陈宝生部长对此是批评的，这种现象令人担忧，同时也令人费解。

33. 关于课程的类型。全世界的课程只有两种，一种是学科性课程，另一种就是活动性课程。

34. 关于人的八个智能：一是语言，二是数学逻辑智能，三是视觉（空间智能），四是音乐智能，五是人际关系智能，六是内省智能，七是自然观察，八是身体运动智能。我们职业学校的老师是第一、二个方面智能的优胜者，考进了大学，当上了老师；而我们的职业学校生恰是第一、二这两个智能的失败者，走进了职业学校，所以两者之间不和谐是天然的。我们的老师一定要改变自己的立场，校长要改变"考场"（考试地点不在教室）（视频很好），社会要改变磁场（吸引力）呀。通过以上内容，我们可以得出结论，我们的教育对象并不比我们笨啊，只是他们的长项没有得到充分的发挥啊！老师要善于发现他们的长项，培养发展，让其充分发挥。

35. 据调查，千分之七的处长以上级别的干部子女选择职业教育。对比一下我校的职业教育教师子女的选择情况也大体相当。

36. 团队建设要注重氛围。这里有三个方面要讲：一是人人有压力，二是人人有动力，三是人人有能力。所有的考核、督导、制度都是无用的，最有用的是校长的眼光，无论老师还是行政人员，都有一个特点，即无用添"用"。职业学校老师的教学形式主要不是讲，主要精力也不在科研，"做中学与教"是有兴趣的劳动和具备多种创新形式的灵活教学形式，可以探讨。上海信息学校平均每周20节课的工作量比较正常。

37. 团队建设的抓手有三个方面，一是目标引领，二是规划到人（具体实在），三是措施到位。管理的系统是大气的、开放的，要注意的是事业与待遇的平衡，要利用信任来平衡约束（如查教案），要明白特殊与一般的平衡（如抽烟），加上市场化的考核（学生说了算）。

38. 一个学校教师发展路径是双师→双高→专业带头人→工作室（50岁）→劳动模范（班主任工作室）→科研获奖（各级）。一个学校设立了市场调研部，在大数据时代，真实的信息、及时海量的信息对学校决策是多么重要啊！

（我于2016年12月21日参加河南省教育管理干部杭州培训。这次培训，名家如云，节奏飞快，令人应接不暇。我担心"好东西"会丢掉，赶紧总结一下，以便"学而时习之"）

争做一个有质量的人

我是一名中等职业学校德育工作者，传播正能量是我的职责。近阅"中等职业学校学生公约"有感，联想正在贯彻落实的"社会主义核心价值观"的具体内容，结合本人编著的《微故事　正能量》一书，在这里我有五点感受，集中体现在"爱""慧""强""责""细"五个字上，愿在此分享并求教于进行"做人"研究的大家。

一、关于"爱"

没有爱就没有教育，教育的灵魂就是爱，教育的广度与深度体现于大爱，爱的精度与深度体现于挚爱。爱的教育之内涵理解要从生活来谈起，从爱父母爱家庭做起，在爱学习中感悟，以爱公物作检验，广泛地通过爱学校、爱家庭、爱环境、爱社会来实践，最后以爱岗敬业作为归宿。举个例子，春秋时期齐桓公用管仲为相称霸天下，齐桓公爱美食、爱美女，不听管仲进言，易牙、竖刁与开方不尽常理、不合常情地讨好齐桓公，比如易牙杀子、竖刁自宫、开方背亲等，最后齐桓公落个饿死宫中、霸业移晋的结局。易牙、竖刁、开方均小人也，居心叵测，没有道义，见利忘义，抛弃人生原则，用"爱"齐桓公的假象蒙蔽了爱的真义与底线，齐桓公后悔莫及，无颜见管仲。我们后人除以史为鉴，亲君子、远小人外，更要看清爱的真谛。有一本书叫《爱的教育》，有一首歌叫《爱的奉献》。如书中所写，爱能使一个灵魂变得高尚，爱能使这个世界温暖起来；如歌中所唱，爱的奉献如春风吹拂大地，爱的奉献将会把世界变成美好的人间。

爱的形式是多样的，人们对爱的体验各有不同。爱的形式有物质金钱的资助方式，有润泽心田的爱心灌输，有充满爱意的关注与陪伴，有放声歌唱的呐喊与助威，总之，你需要的、感悟到的一种体验，哪怕是一丝的温暖，你就是得到了一份爱。当然，人们接受到的爱有的轰轰烈烈，有的余音绕梁，有的充饥解渴，有的抚慰心灵，但作为有着群居性质的人类而言，谁都渴望爱的牵手，有的人表达直接、排山倒海，有的人含情脉脉、欲言又止，这里不一而足。

爱要多少才够，爱有一点即满。给予爱，贵在心；获得爱，点滴足。我们所处的这个社会是要求人人都讲奉献的社会，处处都需要有爱的阳光，这种力量就是社会主义优越性的体现，且其较之于任何其他社会这一点更明显。我欣慰能融入这个温暖的社会，我沐浴着爱的阳光，唯愿这持久永恒的爱的氛围能将我们有不同需求的心灵照亮，使我们的心灵光鲜、康健。

如何将爱传播呢？怎样将爱的力量层层传导、为大爱的形成助力添柴？我认为，应从我做起，从小事做起，从眼前做起。我付出，我也一定能得到爱的回报。我们每一个人都是靠集体来取暖的，我们的发展不能靠单打独斗，我们的快乐几近是在帮助他人中得到的。我爱，才爱我；爱我，我更爱。见微知著，窥斑见豹。天下大事必作于细，勿以善小而不为，涓涓细流汇成江海，推而广之，爱的一缕阳光便可使万物生长，爱的点滴雨露即可带来灵魂的复苏。爱的奉献不需要准备，人人之爱不是刻意而为，爱的回报可以随时随地，爱的温暖可以超越时空，爱的对象不需要选择，爱的释放不做一点保留，爱的给予任性潇洒，爱的脚步永远在路上。将心比心，由己及人，爱屋及乌，在爱的范围与目标公众中，爱的穿透力是无限的，爱的作用一定是会产生奇效的。

有一种爱是无私的，忽略自己，心系他人，顾不上自己父母，关心他人父母。除非为了牟取利益与出于其他特殊的动机，否则这种爱就是高尚的，难能可贵的。大众是爱自己的，因为爱自己后才能真正体会爱别人的真切需要，爱别人时也自然全力给予。想一想，真心地爱别人、尊重别人，何尝不是一种提升自己修养的体现呢？

二、关于"慧"

慧，是聪明的意思，耳聪目明才是聪明，才有智慧，方成人物。耳聪意味着要兼听则明；目明意味着眼观六路，要瞻前顾后，察言观色。

怎样才能做到一个"慧"字呢？这里有三条意见：一是要有一个善学习的好习惯；二是要有一个多反思的好方法；三是要有一个勤动笔的好作风。

关于学习，古往今来，有关论述可谓汗牛充栋，我以为最关键的是学三个方面的东西，即历史的、现实的、专业的。读史可以鉴今，人老更需省身，专业是立身之本。从哪里来，讲的是历史，到哪里去，是在现实基础上对本来的规划，自己的专业是历史与现实的黏合剂，是当下生存与发展的定海神针。

在学习历史方面，我主张要有选择、有分析、有计划、有目的。但高屋建瓴是捷径，日积月累是方法，广泛涉猎是基础，古为今用是目的。面对现实社会，我们不可逃避，不可诅咒，不可超越，不能穿帮。要正视现实，脚踏实地，还要仰望星空，诗意远方。学习历史与结合现实要紧密，回顾历史与解决现实问题要成常态。专业问题，是我们职业发展的根本，是生存的手段，是学习历史与现实的选择之后为你量身定做的，没有人不选择，但会有些人多选择。结果只有一个，追求适合自己的，才是最好的。本来，职业就没有高低贵贱之分，幸福就没有轻重远近之别，社会的偏见与历史的局限性当下只能属于少数人，只有真爱这个社会的人，只有努力拼搏的人，只有善于思考的人，才能更近距离地把准这个时代的脉搏。

在反思这一环节，我强调的是，它是一个人进步的最强的手段。"学而不思则罔，思而不学则殆。"任何人都是在反思中前进的。作为教师，我推崇这样几句话：教而再思心不惘，为渠不断活水来，横看成岭侧成峰，思而再教行不殆。在一段时间、一段人生经历、一项重大事件或在重要的时间节点，"反思"是我们首先选择的好方法。怎样反思？深度如何？标准在哪？这些问题实际上没有答案。每个人的成长经历不同，每个人反思的事项也不相同，反思只是一个人聪慧成熟的不可或缺的重要环节。非要概述一下的话，我在这里倒是要提醒大家应检查以下三个方面：一是这个事项的成功与失败的原因剖析；二是这个事项的其他选项的结果预测；三是这个事项的下一个决策的路径及结果分析。只要考虑到了这三个方面就是反思了，且反思的效果也不会太差。近读《孙子兵法》第八篇《九变》，其中谈道："智者之虑，必杂于利害。杂于利而务可信也；杂于害而患可解也。"讲的就是要及时反思，从正反、利害两个方面深入反思，思考问题时既考虑有利的一面，也考虑有害的一面，关键是在有利的条件下考虑到不利的因素，在不利的条件下考虑到有利的因素，这真乃难能可贵，若此，带兵打仗，自然攻城掠寨，所向披靡。

至于"动笔"的作风，许多人是想到但做不到啊，还有些人是做到但坚持不下来，更少数人是坚持下来但不系统、不完整。实际上，这个事情也很简单。记得我们在小学的时候，一个班级里同学之间的学习成绩差异并不大，老师对每个同学的评价没有多大悬殊，我们不妨拿出小学生记日记、记周记的能力足可以使自己动起笔来。坚持下去是个毅力问题，这一点大多数人都可以做到，如每天起床、吃饭、睡觉、上班等环节，为什么你与别人几无差异啊，你也许会认为这是因为有外在的约束啊，不一样的就是在没有约束的情况下自己的自律能力，能做到的是少数人，能做好的正是有毅力的强者。再进一步说，动笔写出的东西系统、完整，这个是要功夫的，但也没比登天还难，说真难的人是还没有成功的小体验与深刻挖掘自己的优势。打个比方吧，当你喝多酒时慷慨激昂，无所顾忌地狂言"乱"语，这些内容假如被人录下来，写出来，去掉一些不必要的"枝叶"，就是你的"炫词"，稍加梳理与反思，定会有不少自己的思想闪光点，其中夹杂着你些许可贵的品德，它是你成功的基础支撑。别人有完整系统的写作或"成品"，你的"炫词"也与此一样的精彩，只不过是你没有意识到，我才特别提醒。以上只是偶举一例，非恰贴妥当，说明问题即可。

有学问，我们称之为有智慧，有文化我们更觉得不可小觑。近年来，有句话是关于文化的解释，写在这里与大家分享，对照自己，做到了就是一个"慧"字的践行者，即"根植于内心的修养、无须提醒的自觉、纪律约束下的自由、主动为对方考虑的善良"。

三、关于"强"

强者，是令人敬仰的，强大也是一个国家与民族的希望，少年强则国强，人人强则社会强，人类强则地球之大幸矣。做好一个"强"字，对某一个个体来讲，可分为两个方面——自强与反强，又可从两个角度看：身强与心强。

其一是自强。自强是每一个人发展的基础，也是我们修身养性的精神依赖。如何做到，要注意三个方面：一是"练"，无论肌体还是内心，要强必练，幻想或依附都是不可取的，也是枉费心机、自欺欺人；二是"比"，有比较才能鉴别，较量是比较强弱的有效手段，故步自封、夜郎自大，一定会限制发展；三是"点"，人生路很长，关键有几步，要有贵人相助、名人指点。读书万卷，行路万里，如何保证有正确的方向与十足的动力？真强与假强，有没有名人与贵人指点与帮助差别很大啊！此外，画龙点睛之笔与点石成金之手也很关键。另外，在强者面前，谦虚是第一品德，"谦受益，满招损"即是这样的道理。

其二是反强。这就是说，一个人在自强的道路上不是一帆风顺的，螺旋式上升、波浪式前进是万事万物发展变化的一般规律。在困难面前，在与挫折的斗争中，我们的身心均能得到很大的历练，畏惧者必逃，是永远的弱者；失败者，一蹶不振，可能会远离强者；唯有坚忍不拔，执着努力，奋勇当先，攻难克艰，殚精竭虑，不达目的誓不罢休者才能最终到达胜利的彼岸，这才是少数真正的强者，几千年来，风云人物、成功人士莫不如此。

其三是内心的强大。强大的内心是最可贵的。风云人生路，旦夕祸福来。有人说这是命，我却说这是客观事实，每个人均需正视。现代社会，亚健康的标志之一是心理有病，没有人能轻松摆脱快节奏、信息化、"压力山大"的生活工作环境。心理学专家告知我们快乐有三种：自得其乐、知足常乐、助人为乐。在心理援助方面要学会四点：乐于帮助、勤于自助、常于互助、善于救助。以上方法可能成为你强大内心的方法，但坚定的信仰、正确的"三观"、远大的目标、开阔的视野，必将成为你坚强内心的制胜法宝、指路明灯、航行灯塔。故要内外兼修，将自强与反强、身体与心理的强大进行到底。生命不息，奋斗不止啊！

四、关于"责"

责是爱的升华，是对岗位与身份的回报与守护。近期热播的《人民的名义》电视连续剧片尾主题曲唱道："与谁共搏，以肩上的职责，听一番繁枝叶落，看一抹烟霞交错，此时此刻，情同于手足在侧；与谁共卧，以心中的执着，听一声青梅永乐，看一片繁星闪烁，此时此刻，爱意永续你我。以人民的名义赋予你，生命的尊严，奉献的权利，当所有万马奔腾扶摇升起，一口气直达心底凛然正气……"职责使然，责无旁贷，责任在肩，保守底线，这是人民托付的义务，是对人民赋予的重要岗位有所担当的最好的诠释。近日，新乡市正在广泛开展的"敢转争"活动强调的第一条也是一个责任问题。

责任的体现在我们普通人身上更多的是传统文化的基本要求：对家庭要负起责任、对事业要担起责任、对朋友对得住责任。常有人说，我们指望不着对家庭都不负责任的人对社会与岗位负责，所以，对家庭负责是对一切负责的底线。我用一句话概述，即一个带领家庭建立美好生活愿景的人就是一个负责任的人。对事业担得起责任，说的是大多数人都有自己喜爱的一份事业并为此奋斗一生。当我们在进行职业生涯规划时，我们每一个人都会慎重选择自己的职业，走上工作岗位后，我们都会为出彩的人生执着努力。有出现职业的"七年之痒"的，还有面对各种诱惑又畏首畏尾的，也有半途而废、功亏一篑的。《钢铁是怎样炼成的》一书的主人翁保尔·柯察金有一句话："当回首往事的时候，不因虚度年华而悔恨，不因碌碌无为而羞愧。"愿我们每一个人都能努力以此为座右铭，爱岗敬业、守土有责，干好自己的事情，在全面建设小康社会的洪流中有自己的一份贡献。关于对朋友的责任，我们首先摒弃的是江湖义气，为朋友两肋插刀、不分青红皂白。我崇尚的是能走进内心的朋友，经得起时间考验的朋友，关键时刻还能站在你面前的真朋友。人生得一知己足矣，茫茫人生，知我者在何方？当我们挖空心思遍寻朋友的时候，别忘记你自己也是自己的朋友。反思一下，自己对得起自己吗？若此，你的朋友则大幸矣。因为你具备了做朋友的资格，与你握手，好朋友与真朋友的称谓就是自然的事情了，这一切的根源与本质的东西都离不开一个"责"字。我们要敬畏上苍赐予我们做人的内涵：一撇即感情，一捺即理性。让我们携手共同在这撇捺人生中争做一个负责任、干净、有担当的人。

五、关于"细"

"天下难事必作于易，天下大事必作于细。"见微知著，小中见大。中国有句俗话："三岁看大，七岁看老。"细与小有时就是被忽略的理由，但细小常常又是我们突破的端口。细，是细节，往往细节决定成败，细是微小，小不忍则乱大谋，蚁穴虽小，可溃千里长堤。所以，在做人的五字中我挑选"细"放在最后，不是虎头蛇尾，而是画龙点睛的关键一笔。

"细"的问题，我同样讲三个问题。

一、"细"是一种方法、一种处世之道、一种人格修养的体现。瑞士的手表工艺，法国的机械制造，所有在我们眼中外国优秀品牌的坚守与中华老字号的传承秘籍无一不体现着精益求精。精细到每一片模块、每一个环节、每一道工序、每一个步骤，甚至说这些大部分都是你想不到的、说不出的、感悟不清楚的。老子的《道德经》中有这样的话，"道可道非常道，名可名非常名"，也即此理。我国当前大力倡导的大国工匠精神，其实质是工艺上的一丝不苟、工具上的改进创造、标准上的严丝合缝。当然，我十分清楚，这些背后有民族与历史文化在支撑，没有一定的厚重的文化积淀难以有大国工匠与民族的光辉品牌。我们知道，德国这个国家不仅盛产科学家、工程师、技师，更是一个诗人、思想家、作曲家如云的国度，因此才有了德国制造的耐用、可靠、安全、精密四个特征。

二、"细"是标杆，是标准流程，是遵循的原则，是行为的法则。世上事令人称赞的往往是与众不同的，与众不同多体现在超大与细小两个端头，但后者往往更绝。一个百岁老人的惊奇动作与弱小婴孩的特异功能比，当然是婴孩更吸引人的眼球。因为细小往往是弱者的代名词，同情弱者是人的天性。回归到我们做人的主题，一屋不扫何以扫天下呢？领导的讲话多是宏观战略、指导思想，你往往望尘莫及，你应清楚重点工作与操作要求肯定是考核你的重要指标。每个人在人生的不同阶段一定能悟到细微的操控方法与行进步骤，遇到再复杂的事情，你一定能找到解决其问题的主要矛盾与矛盾的主要方面，切不可胡子眉毛一把抓。要明白十指弹钢琴，指指有分工，轻重缓急，自有安排，这样美好的人生乐章才能和谐奏响。

三、"细"也是人际交往首因效应的体现，是往往被人从另一角度下结论的依据，由此引申，很多时候你就这样在不知不觉中走出低谷抑或在小沟翻船。细想一下，我们对人际交往的服饰细节、行为礼仪、文明用语、迎来送往、意外变化、危机公关，等等，均是要留心的。跨国公司间的实力碰撞真不像大片中那样异彩纷呈，高手巅峰对决的胜负往往在不经意的举手投足之间便大白于天下，这就是细节的神奇力量，所谓四两拨千斤的经典之作。但是一定要相信这个细节是关键的少数，它决定事物发展的方向及事物的主要性质。

《微故事　正能量》这本书原有100篇，现在公开出版呈现的有76篇。细细梳理，我用五个字提炼了五个做人的方面，并用如上的语言发散了我对人生的进一步思考。我知道几千年的中国传统文化丰富多彩，

3 个层面、24 个字的社会主义核心价值观概述得全面精要，广大青年包括中等职业学校的在校生要结合自己的实际用心践行，在"爱""慧""责""强""细"的社会工作、学习生活中用心体会，我们一定能拥有一个有质量的人生乃至出彩的人生。

真心地祝愿你迈出人生坚实的步伐，让我们共同努力争做一名有质量的人！

（这篇文章写于上海，时间是 2017 年 4 月 23 日。我应上海景格公司的邀请参加校企合作论坛。文中主要观点是对本人第一本专著《微故事　正能量》小册子的进一步梳理和解读。这个专题我也在学校多个专业做过讲座，反响不错；同时期也被上海景格公司的微信公众号推送，受到了同行的点赞）

"先耻后勇"，读后有感

——读刘先勇老师信息化"创新杯"比赛失利后的反思材料有感

刘先勇是我校一名体育老师，研究生学历，在学校党务与人事考核工作部工作。他于2017年9月参加河南省中等职业学校"创新杯"教师信息化教学设计说课大赛并未获奖，返校后，主动写出一篇《信息化教学说课比赛之反思》，今日送到我办公室。我读后有感写于此，与大家交流。

一、先勇老师用三大段话谈了三个问题

一是他在第一段表明"人要活出自己，内心处之坦然，胜不骄、败不馁"；二是他"思考过去那段比赛时间，尤其是自6月中旬到9月初自己的想法与做法"；三是他表达出了自己的心里话，为自己的体育专业技能水平直线下降苦恼，夜不能寐。

二、我读出了先勇老师的闪光点

第一，"会反思的人才会有进步。"先勇老师比赛结束后，主动写出反思材料就是进步的表现。难能可贵的是先勇还找到教学校长进行交流，这在我校是不多见的，值得其他教师学习。

第二，"请学生吃饭，请同事帮忙，自己忙到凌晨四点半"，这种精神在青年人身上不多见，唯有下大决心追求进步的人才这样做。这件

事发生在 6 月，我校放假的最后一个星期，特殊的时段、惊人的举动、失败的成绩对于一个全日制研究生学历毕业到我校任职的青年人之打击是可想而知的。先勇说："胜不骄、败不馁。"前面一句大家都不会在意，即使骄傲一下也无妨，后一句说出口本身就不易，认真地思考一下，按先勇原话就是"这才是我想要的"。

第三，学校预演丢了脸，他晚上再加班。我因全程参与这件事，所以明白先勇的心路历程。学校预演后，我将选手留下来谈几分钟的话，其中有几句"硬话"，或许对先勇是刺激，但无论怎样，"先知耻而后勇"也是我欣赏的。我感慨年轻人的执着，唯恐其不堪其耻而一蹶不振，但事实证明刘先勇不是这样的人。

第四，他因有几次没有坚持正确的选择而留下了本次大败的遗憾。如第一次在室内上足球课录像，后来想在新生军训期间再录室外的镜头，结果没有实现；课件中的一些视频在关键时候掉了链子，他在郑州赛前其实只是简单做了一些备注，结果因重视程度不够，比赛中出了大错。这些说明先勇老师思考的并不少，因为一念之差没有落地行动或坚持高标准完成动作，就在此认输，心里终有些不服啊！

第五，他有哲学思维思辨能力，看问题全面客观，针对比赛的专家的言行自己有想法。刘先勇是我校老师之中少数拥有全日制研究生学历人群中的一个，对体育教学的看法独到并有所见解。2016 年我曾带着全校体育老师到信阳师院进行培训，近距离深入接触体育课的改革与体育教学的研究话题，先勇给我留下了深刻的印象。年底我因给学生做课题"争做一个有质量的人"，时间较紧，我把制作课件的任务交给了他这个体育老师，先勇却给了我一个惊喜，高质量完成任务。在这篇反思材料中，先勇提出了针对比赛要做到"因事而变，因时而变，因人而变"的三变观点；又没有完全沉浸在失败的"雾霾"中自暴自弃，而是通过比赛还看到了自己应有的实实在在的收获，如，讲课做到了脱稿，且做到了详略得当，对信息技术的利用游刃有余，在规定的时间完成了讲课规定内容等，均有力地证明了此观点。

三、引经据典，敦促教学校长将学习常态化

第一，在材料的开篇先勇老师谈到面对"比赛无功而返而放弃信念"甚至"意志消沉"时，引用了苏东坡的《定风波·三月七日》词中的"一蓑烟雨任平生，也无风雨也无晴"。我望文生义，表面肤浅地理解终不得其要义，在百度上查，方知以上两句并不是紧密相连的，中间有过程，词前还有交代，了解了全词才真正读懂了先勇此时的心情。原词如下："三月七日，沙湖道中遇雨。雨具先去，同行皆狼狈，余独不觉，已而遂晴，故作此词。莫听穿林打叶声，何妨吟啸且徐行。竹杖芒鞋轻胜马，谁怕？一蓑烟雨任平生。料峭春风吹酒醒，微冷，山头斜照却相迎。回首向来萧瑟处，归去，也无风雨也无晴。"先勇的思想不仅有深度还跳跃性十足，这里面有体育教师的因子啊！

第二，先勇改写了一副对联："有志者，事竟成，聆听圣贤，顶住压力，苦练内功，查缺补漏；苦心人，天不负，无名小卒，稳步过河，不达目标绝不回头。"我对照一下原对联，这简直可比楚汉战争中的项羽破釜沉舟于巨鹿一战全歼秦军二十万的气魄，也不逊色春秋末期吴越战争勾践被擒卧薪尝胆终报仇雪耻的壮举啊！

仔细阅读材料并细细观察，我想努力做一个看门道之人。我分明看到了先勇老师"虽然目标很遥远但我会一步步向它靠近，总有一天会登上领奖台"的豪气。我也深入地想了一下苏东坡的作词背景——"已而遂晴"，感觉这是个好兆头。我坚信我省来年信息化比赛的战场上定会有更多我校教师，"回首向来萧瑟处"，轻松地道一声"也无风雨也无晴"。

最后补充一句，先勇的反思材料说到本次比赛，"作为学校推荐的选手，成绩不理想，未能给学校增光添彩，全部责任都在我，努力不够，见识浅，经验不足"等，作为学校的教学校长，止于此，汗于颜，愧于心啊！

（2017 年 9 月）

又见梁思龙

梁思龙是世界第44届技能大赛油漆项目金牌获得者杨金龙的老师，也是这个世赛项目教练组的组长。

我这是第二次见到梁思龙了。因到郑州参加会议我与梁思龙搭乘同一辆车，近距离聊天90分钟。时间在不知不觉中过去，直到我俩快要分开的时候，才匆忙相互加了微信，留了电话。那显然是因为还有太多的话题才刚刚开头。但即便如此，我仍觉得梁思龙老师给我留下了太深的印象。他的特殊身份印证了我对汽车专业师资队伍建设的思考与想法，他努力的人生经历值得我身边更多的年轻老师去学习。

梁老师是半个河南人，其家乡在安徽亳州，但紧邻河南商丘永城，其许多生活习惯与河南人是一样的，见到河南人也显得尤为亲切。

梁老师高超的油漆技能与其出身似乎不能画等号。在他高中辍学后，时任乡镇中心校校长的父亲反复劝说并以苦力相"逼"的做法均没能让其回心转意，因为同龄人南下打工潇洒的人生经历对其诱惑实在是太大了。怀着一颗好奇之心，像无数寻梦者一样，梁老师加入去广州淘金的打工大军之中。

也许是天意，也许更是偶然，梁老师南下找到的岗位是汽车机修工。为了多挣钱，他主动要求转行学习油漆，并感谢师傅的再造之情，用心学习，坚持不辍，技术日臻成熟。为进一步发展自己，他又转战宁波，因能吃苦耐劳，技术上乘，得到轿辰集团的重用，不断接受系统培训提升技能且多次参加行业企业技能大赛，崭露头角，引得同行称赞。他因缘到杭州发展，巧遇杭州技师学院领导，伯乐识得千里马，从此走上了职业学校教师的工作岗位。以上时间约为 10 年。

梁老师如何顺利实现华丽转身呢？从一个企业的技术骨干到一个职业院校的教师转行是有跨度的。梁老师的做法集中体现在：一是自己想在新领域里挑战自己，这是自己主动的选择；二是其比较了解企业与学校的发展环境，窃喜能够安定地构筑美好的幸福生活，也能弥补自己高中辍学的遗憾；三是积极参加学校组织的教师基本功培训并自学专业课程理论，为自己出色地完成教练组长的任务打下了坚实的基础。

我疑惑，非专业老师如何转行？汽车专业理实一体化的教师是如何打造的？梁老师如是说："第一，无论先有了理论还是先有了技能，向另一个目标学习都必须是自觉自愿的；第二，技能易于理论，但我们是向学生讲不清没有理论支撑的技能的；第三，职业院校的特点是我们选择理实一体教学的主要依据，理实分开的教学是不受学生欢迎的；第四，教师多动手的课堂效果要比多动嘴的课堂效果好得多。"由此我认为，梁老师成功转行并转化多名教师成为理实一体高手的事实说明，汽车专业的师资解决方案——内部挖潜、校本培训要比直接引进专家外培效率更高。

由此，我想到了汽车工程学会专家委员会成员焦建钢老师的一席话："国内某知名汽车专业职业院校的师资队伍建设，用校内'大比武'、第三方评价的方式，仅仅花 6 年时间完成了多层人才梯队的建设。"

我主抓学校的教师队伍建设已有一轮了，建树不多。反思我校的做法，借鉴梁老师团队的形成与焦老师的指点，我认为我校应从以下方面努力：其一，坚定形成我校专业教师队伍建设的机制并列入三年规划，稳定资金投入，加强验收评估，形成人才梯队；其二，理实一体是目标，双元结构可探索，创新教学是根本，校企合作是平台，力争走出一条有特色、可复制、有价值的汽车专业师资队伍建设新路子；其三，信息化的手段与手把手的师徒传授交替使用、缺一不可，在信息社会，传统的学习方式正在革新，但工匠的精神内涵始终不可替代，取两者之长可助推专业教师快速成长；其四，评价一个优秀的汽车专业教师要多维度、要科学、要全面，切不可急功近利，更不能以偏概全，要科学引导，正确导向，方可使汽车专业教师共同健康成长。

(2017 年 5 月 3 日)

当下我国职教教师的幸福梦想

"大力发展职业教育，让每一个中职生的人生都出彩。"关注我国职业教育的人们对这句口号都耳熟能详，备受鼓舞。但是，落实职业教育这一关注民生的大政方针，让职校生的人生更好地出彩，他们的引路人与美好人生的职业规划设计者——广大的职校教师责无旁贷、重任在肩。当前强力推进的职业院校信息化建设，不断对职校教师信息化素养提出新要求；面对"精准扶贫"工作对职业教育的新期待、信息化时代折射到社会各个层面的新特征、跨界的职业教育的新感受、国外职业教育对中国特色职业教育的新借鉴，教师需要完全胜任在新时代背景下职业教育的新任务，完成职业教育新发展中对教师队伍建设的新思考，本文试图剖析与感悟职业学校教师承载这一历史使命的幸福梦想。

务实重干的时代背景奠定职校教师的幸福基础。自 2005 年以来，全国性的职业教育会议召开多次，多项有效激励职业教育发展的新举措不断出台。在"三十年河西"的环境下多年不曾抬头的职业教育又来到了"河"的对岸，人们在心底呼唤职业教育的春天。这主要体现在以下几个方面。一、职业教育依规立法，阳光运行。许多写在条文里的保障职业教育的办法得到落实，职业院校的专业设置逐渐规范，学校的办学规模、经费支撑得到有效合理的调整，对各类各级职业院校的效益评估、质量报告进一步科学化，广大教师的培训提升要求严格、规划长远。二、各级政府切合实际提出了"关注职业教育就是关注民生，抓职业教育就是抓经济增长"的口号，并进一步落到实处。不少地方建立了专门的职教园区，整合了职业教育资源，优化了职业教育的条块管理，面对全面深化改革的大潮，适应行业企业转型升级的需要，职业教育的发展大有可为，天地广阔。当前，职业教育还被提到了部分地区"精准扶贫""全面小康"的重大举措的高度，这对当地职业教育的发展无疑又增加了新的机遇与活力。三、大国工匠精神的弘扬与笃行让职业教育再次站到了时代的风口浪尖。曾经在20世纪80年代，中专与技校、职工大学与电视夜大是职业教育的主力军，在历史的各个时期，尤其是在改革开放初期为广大民众学技术、做手工、谋职位发展提供了智力支持，每每谈及此，参与其中的人幸福感油然而生，他们无比自豪曾为此出力流汗，珍惜这个干事创业、奉献社会的平台。现如今，在"五大发展理念"的大背景下，在工业4.0的紧锣密鼓声中，凭借五千年中华文化的铺垫，"中国智造"将助推我们重新吸引世界的眼光。我们不能躺在四大发明的光环下睡大觉，"科学严谨、厚实完美、标准程序、规范精准"这个时代所黏合的新特征正对职业教育充满着新期待，摩拳擦掌，"撸起袖子加油干"自然要成为职业院校教师不负这个幸福时代的最好诠释。

热火朝天的职业生态促使职业院校教师幸福地发展。职业教育这棵树已经枝繁叶茂，国家对职业教育的顶层设计正规划完成，世界一流、中国特色的职业院校发展愿景已经描绘，"中高本硕一条龙"的现代化职教体系已构建圆满，广大职业院校教师大发展的平台完美地展现在我们面前。其一，双师型教师的发展政策日臻完善。十多年来，人们从来就没有停止过对"双师"概念的研讨与规范，德国的双元制、英国的学徒制、新加坡的"教学工厂"，还包括美国的社区学院模式、澳大利亚的TAFE模式、加拿大的CBE模式等新的职业教育模式对老师的要求时时冲击着我们对双师型教师发展的逻辑思维。我国鲜有专门培养职业院校师资的教育机构，对职业院校师资的发展规划与评估要求历来比其他教育类型的多，也鲜有职业院校考量自己的完整体系。对双师型老师的规范发展、持续提升、完善评估、内涵引申等都将为职业院校师资队伍的建设带来革命性的变化。其二，跨界属性的职业教育的新感受与企事业转型升级对职校生复合型人才的新要求促使职业院校师资在双元结构的背景下要有所作为。有资料显示，日本、美国、法国这种经济发达的国家均有不少专门服务职业教育的上市公司，有的还是世界 500 强的企业。这一现象表明，经济越发达，职业教育的地位及关联职业教育的产业事业均能得到充分地发展。当前，在全面深化改革的大背景下，我国涉及职业教育的上市公司也已初见端倪，由企业、行业转到职业院校工作或由职业院校进入服务职业教育发展的公司工作的人才流动已渐成常态。近日，国家层面又出台政策鼓励高校教师兼职兼薪，人才合理流动，倡导大众创业，万众创新，这也是对教师群体发出的新信号。职业院校的教师应时刻牢记"打铁还需自身硬""名师才能出高徒"的古训，爱岗敬业，苦练内功，适应市场，主动作为，为职业院校学生的发展和就业尽力服务。教师群体要努力转变纯教书匠的思想，要改变动手弱的现状，要多走下三尺讲台，走进厂房车间，要变"单打独斗"为合作教育，要将原有的理实双元改变为理实一体，真正把知识讲活，把技能做精，树立起"抬起头思维缜密，俯下身手到病除"的职业院校教师新形象，在学生成功成才中收获快乐，在真心为学生的全面发展、企业的应用型人才需求服务过程中找到职业院校教师特有的幸福源泉。

其三，左顾右盼，上下连通，内外结合，前后相继，职业院校教师从来没有这样的担当与机遇。高中阶段教育，中等职业教育几近占据半壁江山，中高职衔接，上下贯通已经初见成效，职业教育自己与自己比有大的进步与质的飞跃，与国外职业教育交流合作已展开，"断头"的职业教育已成为历史，职业教育已正式成为我国教育发展的一种完整的类型，教育行政部门对我国包含职业教育在内的完整教育体系的顶层设计已经完成。自 1917 年中华职教社成立以来，我国百年的职业教育发展历经沧桑，然实现中华民族的伟大复兴这一使命从来未被忘记。尤其是党的十八大以来，在"四个全面"与"五位一体"的战略部署下，我国正朝着"两个一百年"的奋斗目标全速奋进，职业院校教师可谓喜逢盛世，欣迎中华职教社成立一百年，一定不辱使命，认准定位，辛勤耕耘职教园地，着力推进《职业院校管理水平提升行动计划（2015—

2018 年)》，助推国家经济的再次腾飞。

互联互通的信息化时代开启了职业院校教师新的幸福创造。新世纪的十几年来，十三亿中国人感受最大的是互联网带给我们的新的体验与对我们生活的新的冲击，以及对我们职业生活带来的新的挑战。现在，人人都是自媒体，个个满载信息量，网络空间成了人们最大的财富与储藏间，对信息的占有与交流服务成为最有价值的行为。互联网彻底改变了我们的生活，互联网自然正在重组改造我们的职业教育，职业院校教师自然乐在其中，且站在新的发展起点幸福地创造新生活。第一，近水楼台，职业院校教师的信息化素养得到大幅地提升。不少职业院校都开设有计算机专业，不少职业院校教师都曾经研究与应用过现代化的教育技术，面对波涛汹涌的信息化浪潮，职业院校教师是兴奋且欣喜的，因为教育的信息化是全面而系统，处在教育薄弱环节上的职业教育信息化得天独厚，故"笨鸟先飞，弱鸟早食"，自然成长飞速，感受明显，效果超前。据统计，职业院校数字化的教学资源建设与现代化的教学设施、设备运用均较其他教育类型要更广泛而深厚，这些都是广大职业院校教师主动作为，与为职业教育热心服务的企业高质量合作的结果，实践反复证明，大家乐此不疲、幸福满满。第二，职业院校教师的信息化教学手段日臻完善，教学方法适应职校生的变化，教学效果日渐向好，由此带来的职业院校的社会吸引力越来越强。自 2010 年以来，全国职业院校教师各学科的各类信息化教学比赛战鼓声声，各级职业院校教师的参赛热情高涨，硕果累累。各类职业院校借东风，紧抓机遇，以赛促教，以赛促教师成长，有力推广教师比赛成果的做法给职业院校带来了新的发展动力，全新的教学生态，生动的教学氛围，积极的师生互动，全方位、全过程的超越时空的学习方式的革命，无一不激励着一线的职业院校教师砥砺前行，勇敢探索，大胆尝试，不断践行。他们从职校生自信的微笑、满意的作品和可观的业绩中久违地得到了职业教育成功的感悟，他们心甘情愿地在信息化的教学实践中久久为功，创新发展。第三，借助信息化的时代背景，职业院校教师另辟蹊径，成就另一种人生。"BAT"三巨头创造了我们这个时代的新高度，刷新了诸多新纪录。以此为鉴，职业院校教师注册个人微信公众号，借助免费的蓝墨云班课、微信课堂派、Q学友等教学App，开展在线学习服务，开展公益活动空间，精心打造，执着痴迷，夜以继日，细心呵护，日渐走出象牙塔，纷纷亮出新形象，超越时空，打通"围墙"，服务大众，真正以职业教育教师的新形象形成了信息社会一道亮丽的风景线，体验了职业教育是服务终身教育、社会化大众教育的新特征，较好地诠释了职业教育的新内涵，再次分享了职业教育的新幸福。

幸福是一种心理体会与感受，从来都是在实践中获得的。面对新常态的经济大潮与政治生态，职业院校教师笃定职教新理念，构筑幸福梦想新生活，在务实重干的时代背景下，在热火朝天的职业生活中，在互联互通的信息氛围里，撸起袖子加油干，方不负时代重托，再品味时代幸福。

(2018 年 1 月)

民国大人物——张澜

张澜比毛泽东主席大 21 岁，出生于四川省南充县①的一个耕读之家，1955 年去世，享年 83 岁。

在民国时期，张澜的弟子遍及四川。各大入川的势力都知道"得四川必先得张澜"。张澜同时还是民盟的创始人，搞了一辈子的教育，最著名的是他提出的"四勉一戒"，即"人不可以不自爱，不可以不自修，不可以不自尊，不可以不自强，而断不可以自欺"。

为帮助大家更好地了解张澜，我梳理了六个方面的重点。

第一点，天安门城楼。在中华人民共和国开国大典时，站在天安门城楼上的一位长髯飘飘德高望重的老者，特别地引人关注，他就是张澜。

第二点，张澜与两个名人有关系：一个是朱德，另一个是陈毅。1904 年张澜在老家南充，那时叫顺天府，任官立中学堂的正教习，朱德就是这一时期的学生。

张澜与陈毅之间也有关系。1917 年，张澜被北京政府任命为四川省省长。他将川汉铁路部分股款利息拨出，救济京津等地的川籍学生，资助他们旅法勤工俭学，其中就有陈毅。

第三点，张澜最强烈地反对两个人：一个是慈禧，另一个是袁世凯。张澜在 30 岁的时候，在成都尊经书院深造期间是优等生，被选送到日本东京弘文书院学习。因他倡言慈禧应还政于光绪，被视为大逆不道并被押送回国。民国成立后，作为保路领导人，张澜当选国会的众议

---

① 南充县：今为南充市。

员。在护国战争期间，他同蔡锷将军一起与想做皇帝的袁世凯作斗争，时任四川督军的蔡锷任命张澜为嘉陵道道尹。

第四点，四川大学。1926年张澜参与创立国立成都大学，即今四川大学，并担任校长。该校校歌的歌词是在张澜所在的四川省省城高等学堂校歌的基础上改定的，2013年，被四川大学承接下来。

第五点，张澜对毛泽东和蒋介石进川的态度大有不同。想当年蒋介石入川的时候，陈立夫屡次动员张澜前去迎接，张澜不为所动；而1945年8月28日，著名的重庆谈判，是张澜亲自到机场去迎接毛泽东，这点令毛泽东大为感动。

第六点，张澜的一句名言，也是他的口头禅："百姓笑破不笑补。"这说的是中华人民共和国成立的时候，张澜推辞再三，但仍以民主人士当选中央政府副主席。周恩来特意拨了一笔服装款，他婉言谢绝："国家的钱就是人民的钱，我怎么可以用来做长袍，穿在自己身上？"于是自己出钱赶制了一件布长衫，在开国大典上，毛泽东笑着对他说："表老，你太俭朴了，现在你是国家副主席了，还是应该穿好点。"大典之后，毛主席派人送去了中山装和呢大衣，张澜舍不得穿，一直将其放在箱子里，死后，将其还给了国家。

（2018年3月31日，白国祥读书笔记选）

民国大人物——李济深

用"段子式"的写法描写民国这个大人物，大致是以下这样的。

一、李济深与毛泽东的重要链接

1933 年 10 月，李济深与陈铭枢、蒋光鼐等人率领 19 路军发动福建事变，并成立中华共和国人民革命政府。事变前，他们曾与红军签订《反日反蒋初步协定》。但当时的中共领导人王明认为李济深是军阀并对其心存戒备，未能真正携手，导致他们不到两个月就失败了。毛泽东对此评论说，中共是"痛失良机，良机痛失啊"！

1959 年 10 月，中华人民共和国成立十周年大典，毛泽东指着文艺界、宗教界的队伍，对这位民革的创始人说："瞧！你的队伍来了。"李济深赶忙说："哪里哪里，这还是你的队伍啊！"

二、李济深与孙中山的链接

1920 年，李济深应邀加入孙中山的军政府，任粤军第一师邓铿师长的参谋长。后邓铿被刺杀，李济深任代理师长。陈炯明与孙中山之争给了李济深很好的上位机会。

1924 年 5 月，黄埔军校成立。李济深任训练部主任，后升任为副校长。广州国民政府成立以后，粤军改编为国民革命军第四军，李济深坐上了军长的宝座。

三、李济深与蒋介石的重要链接

1929 年，李济深因到南京劝蒋介石不要打内战，3 月被蒋介石扣留在汤山软禁，并被永远开除党籍。九一八事变以后，国难当头，李济深被释放重新起用，但他由于没有实权，开始图谋反蒋，1933 年 10 月，他再次被永久开除党籍。

抗战胜利以后，李济深三上庐山力劝蒋介石停止内战，终究与蒋话不投机，随后公开反蒋，遭到第三次开除，并被全国通缉。

四、李济深的成长与民革

李济深，字任潮，1885 年出生于广西苍梧县大坡乡。李济深从小就有忧患意识，其在苍梧中西学堂时曾作过一首五言诗："马嫂知天命，谓吾贵何求。但令身许国，何必列王侯。"

李济深 18 岁考入黄埔陆军中学读书，后转入保定的陆军预备大学堂。民国成立以后，大学堂迁至北京，被正式命名为陆军大学。李济深 1913 年重返该校第三期，继续学习高等军事，毕业留校任教，且任要职，悉心培养了一大批高级军事人才。后有人称他"全国陆军皆后学，粤中名将尽门生"。

1948 年，李济深发起成立了中国国民党革命委员会，简称民革，宋庆龄为名誉主席，他为执行主席，反对蒋介石打内战。1949 年，李济深策动四位军舰舰长，企图活捉蒋介石，不料事情败露，那四人被装进麻袋，淹死在海里，他与蒋介石的仇恨再也无法化解。

1949 年 10 月 1 日，李济深站在天安门城楼上，以中华人民共和国中央政府副主席的身份，见证了新中国的成立。

1959 年 10 月 9 日，李济深因病亡故。在逝世的前四天，他曾写下了一首诗："十年国庆万年红，衡麓光辉永照中。我与全民宏愿在，及身要见九州同。"据说，江西云居山的虚云禅师，听闻老友过世，叹道："任超，你怎么先走了？我也要走了。"四天以后，禅师圆寂，世寿 120 岁。

（2018 年 4 月 21 日，白国祥读书笔记选）

三国时期，马谡其人

提到三国时期的马谡，大多数人都说他是因为失了街亭才出名的。其实，在诸葛亮七擒孟获时，就有马谡的功劳，只不过很多人不太知道罢了，那个时候马谡扮演的角色只是个参谋。

公元 225 年，诸葛亮亲率大军向南进发，马谡前来送行。诸葛亮征询破敌之策，马谡说道："南中地形险要，路途遥远，当地人叛乱不服已久。即便今天将其击溃，明天还会再次叛乱，所以对待他们，要以攻心为上，攻城为下，心理战为上，短兵相接为下。如果我们这样做，南中叛乱可平，南蛮之众也会真心归附。"

他的观点得到了诸葛亮的赞同，之后才有了诸葛亮攻心收南蛮并七擒孟获定南中的故事。

马谡一直受到诸葛亮的器重（师徒情同父子），但在蜀军将士中却没有人把他"当盘菜"，主要是因为其从未有挂帅出征的经历。马谡呢，也一直在努力寻找证明自己能力的机会。

关于街亭守卫战斗在使用人的问题上，诸葛亮十分犹豫："用马谡还是不用？"难在有两个事实。一则是因为刘备临终有言：马谡言过其实，不可大用；二则是因为街亭一战的对手是曹魏大将张郃，此人智勇双全。故马谡第一次请战，没有被诸葛亮通过。

怎么说呢？马谡认为此次挂帅出战，正是证明自己能力的绝佳时机，如果带领蜀军打败张郃，就没有人敢小视自己了，所以他坚定地第二次请战，并立下军令状，拿自己的脑袋和全家人的性命担保。诸葛亮见状，也就没有再坚定地拒绝，可心里仍旧打鼓，思虑再三之后还是派了大将王平前往相助。

也活该马谡倒霉啊！首先，其自负自幼熟读兵法，毅然将大军驻扎在山上，名之曰"置之死地而后生"。其次，其断然不听大将王平的劝阻，并斥其不懂兵法。可惜呀，马谡一步走错，蜀军满盘皆输。

马谡大意失街亭打乱了诸葛亮的第一次伐魏的计划，诸葛亮只好下令蜀军全军撤退。

下面的故事就是诸葛亮的"哭戏"表演了。历史演绎是这样的，即诸葛亮五哭马谡。

一哭，怒其不争。诸葛亮本来是对其寄予厚望的，可惜兵败，丢失街亭。二哭，悔不当初。诸葛亮没有听刘备遗言，重用了马谡，以至于伐魏大计失败，汉室难以复兴。三哭，辜负新主。七出祁山无功而返，也对不起先帝的知遇之恩。四哭，失去亲友。视徒如子的诸葛亮将马谡斩头示众，自然自己心里伤悲。五哭，拉拢人心。以树立自己的威严，连马谡都敢斩。可见孔明果真深明大义、高风亮节，这样更容易让其他的将领心服口服。

不过马谡的子女还是被诸葛亮很好地安抚了。

（2018 年 1 月 4 日，白国祥读书笔记选）

南宁，难宁！

我生平第一次来南宁，是 2016 年 12 月 6 日中国职业教育协会、德育工作委员会在南宁举办"创新杯"中职学校德育、美育课教学说课大赛，我与侯翔等五位老师应邀参会。

中职学校的教师参加国赛在我校发展史上尚属首例，2016 年 11 月初在宁波，由我带队、郝明毅老师参加的是语文学科说课大赛，观摩的同事有张智慧、裴泉礼、侯翔、张玉芳、郭红岩等人。郝明毅老师荣获大赛三等奖，可圈可点。对于本次南宁赛事，显然侯翔老师是有备而来，且信心满满，比赛过程丝丝相扣、环环相连，感觉良好，荣获二等奖。当晚我们来南宁的五人举杯相庆，留下了难忘的瞬间。

对于祖国西南边陲广西，我本无多么向往，只是在我的大祖国概念中，屈指细数尚未到达过的省份时若干次显示是空白。本次南宁之行是我争取的结果，更是艰难的抉择。记得两周前的一次学校领导班子会议，校长在考虑赴香港考察人选时，第一个征询我的意见，在香港与南宁的二选一过程中，我没有思考，脱口而出："我带队参加南宁比赛吧。"内心支持我决然无悔选择的理由是也许教师的国赛机会难得，对某一个教师来讲就是终身一次，我带队是对该老师的激励与对学校教学管理工作的高度重视；也许香港之行与南宁比赛，后者更贴近我的现实工作；也许我这样选择会无形中给其他同志创造出一个外出的机会。当然，后两个理由是我事后才补充的。第一个理由就足以让我下决心了。不管咋讲，南宁，我来了！我在祖国广西壮族自治区首府留下了每日万步以上的足迹，在我自己人生的履历中添了一笔。

我报到的宾馆是明园饭店。在来之前，它只是一个地址名称，细细打听，驻足观赏，我无疑知道了心中最想知道的一段历史。明园饭店是毛主席一生到广西唯一一次下榻的酒店，可谓红太阳居住的地方，霞光普照。晨跑的习惯使我的收获更丰。该饭店临近南宁市人民公园，公园有处指示标牌，上书"毛主席接见广西各民族人民纪念馆，免费参观"。我毫不犹豫地走了进去，从头至尾如饥似渴地学习参观了各个展厅。也许我是学政治的，对这段历史有细知明晰的渴望；也许我是毛泽东迷，崇拜敬仰毛泽东，对有关毛泽东的历史、军事、哲学、书法等知识渴求已久。在我整个学习过程中整个展厅异常寂静，我听到有一个见习导游在轻声念解说词，移步转身对照前后学习展板的内容时，看见了一个人已离我很近。我没有选择征询意见的方式，就展板中的一个"疑点"大胆求教于她，听到她娴熟的回答我才如梦方醒。我知道我刚才的语气欠妥，更知道那是一种学习忘我的态度，忽略他人的存在实属正常现象。

展厅让我久久驻足，从前言到结束语，我拍了 20 余张照片，但是让我离开展厅津津乐道的唯有"南宁会议"这个主题以及毛主席在广西的 18 天中两次畅游邕江的画面。1956 年，在我国基本完成对生产经济私有制的社会主义改造后，党内对如何在中国建设社会主义，如何加速国民经济发展等问题产生了分歧。有些地方和部门不了解、不尊重经济建设规律，盲目地增加预算投资和扩大基本建设，造成国家物资供应紧张。在这样的历史背景下，从 1958 年 1 月 11 日到 22 日，毛泽东在南宁主持召开中央工作会议，史称"南宁会议"。著名的三峡工程问题就是在本次会议有了较明确的论断。

邕江，这个"邕"字难住了我们这几个读书人。中国地大物博，不走万里路是长不了见识的。毛泽东在南宁期间两次畅游邕江。我好奇邕江是什么样子的，次日清晨，我没有在人民公园晨跑，而在饭店大堂领班的详细指引下直奔邕江江北大道。

碰巧的是在展厅见到的纪念亭也恰好呈现在我面前。我向闲来垂钓的老者求教，询问不时上钩的"荷花鲤鱼"与黄河大鲤鱼的区别，看见冬泳的男女，我也询问现在河面的宽度与温度。我沉思回到58年前，毛泽东65岁，邕江近200米宽度，毛泽东毅然不分季节下水游泳，这对善于在大风大浪中搏击的毛泽东来讲不是难事，对于广大的群众来说，领袖的风采与榜样作用给群众的启迪是无限的，后来董必武题词的纪念章更是印证了毛泽东与后毛泽东时代群众的心声与期盼。

刘少奇同志携王光美同志于1964年8月来到广西，视察社会主义教育运动的开展情况，同时结合推行两种劳动制度和两种教育制度。8月22日，刘少奇同志也是在明园饭店作关于此方面问题的工作报告。他明确指出："实行半工半读或半农半读，孩子自己可以弄到饭吃，又能读书，这样国家可以负担得起，家庭也可以负担得起，因此就有可能普及教育。"他又说："从长远讲，这种学校制度与劳动制度的结合，可以初步地消灭体力劳动与脑力劳动的区别，同时还有利于就业。"在刘少奇讲话精神的鼓励下，广西的劳动制度改革和教育制度改革取得迅速的发展。

刘少奇同志的这番讲话对我触动很大。我是一名职业教育的工作者，有26年的教龄，52年前，这种"半工半读、半农半读"的劳动教育制度倡导于今天的职业教育有很深的教育意义。同样是在明园饭店，同样是在5号楼的明园饭店大礼堂，又一个振聋发聩的声音使我思绪难宁。来自高等教育出版社和全国德育工作委员会的张伟老师在点评"德育课一定要区分普通中学与职业教育"这个问题时，强调提出："做中学，做中教，职业教育的德育课一定要有职业教育的特色，教学设计追求专业特点，说清所用教法、学法，厘清教学生及学生所学专业的关系，这样才有利于调动学生学习的积极性。"张伟老师进一步强调普通中学与职业教育的核心区别（在德育课堂教师把握的重点），即前者侧重"是什么，为什么"，后者侧重"做什么，如何做"，一语点醒梦中人啊！一地听清一个音啊！难得，太难得了！

第三日的晨跑，我又一次来到了似热带雨林般的人民公园。百花步道，我是非去不可，漫步其中，高大的木棉、相思树，遮天蔽日的小叶榕树，花香四溢的四季桂花，仰望赞叹的椰子王树，还有数不清叫不上名字的乔木灌木等，我有点"乐不思蜀"的冲动与梦想。我幻想着今年春节能在此小住上几天，憧憬着老年的我与老伴能牵手行走在天然的大氧吧。我有点飘飘然，有逃避现实的"小九九"，有私心与杂念冲晕头脑的忘乎所以。老子的《道德经》是我近段时间花费时间最长集中阅读的一本书，老子哲学不仅回答了宇宙起源问题，而且回答了"我从哪里来""又回哪里去""人为什么活着"等问题。我给自己的定位就是一个哲学老师。对于中国最古老的哲学，我早已知之，但只知皮毛，当细读一次《道德经》时，今年的我已经五十岁。孔子讲"五十知天命"，有人讲："人此时有一种内心的定力，基本上可以做到不怨天，不尤人，不为外物冲动。"但这不是原本意义，孔子的"天命"也应是使命之意，五十岁时明白活着就是为完成自身肩负的使命。具体讲，第十六章说："夫物芸芸，各复归其根。归根曰静，静曰复命。复命曰常，知常曰明。不知常，妄作凶。"对人而言，复命就是使命，所谓使命就是你生命最根本的目的。它包括对家庭的使命，对群体的使命，对国家的使命，对社会的使命，对生态环境的使命，认识清楚使命，就是"明"，也就是明白人，不认知使命，就是"妄作凶"，也就是大祸临头了。我现在是一名职业学校的副校长，我的使命就是让我的团队在学校的发展中有使命感，工作有尊严，教学有获得，生活有幸福感。睹物思人，感慨万千，我随手在朋友圈里发出"能否偶遇同学"的信息，不想 26 年从未谋面的余维诗同学竟会真的在南宁发展，打死人都有点不相信啊，难平心绪。

沿着百花步道向前，映入眼帘的是镇宁炮名。我学政治，喜欢历史，近期我的读书计划有这样三套书，我想利用春节前后读完。对于校长倡导的"五个一"工程，我校第二届教师考核的明确方案与要求，我自然要带头的。这三套书分别是李书磊（原阳人）的《重读古典》，大学同学任思斌推荐的一套六本的《哈佛中国史》，江苏灌南中等专业学校周如俊的《职业教育的行走与凝眸》。我坚信，我读完这三套书约

8本，我会将我的《微故事　正能量》一书呈现在大家面前。我的第二本编著，暂定其名字为"十年的职业教育教学管理回头看"，要有较明显的框架与思路，能否将"天命之年道使命"一同考虑有待深思。人民公园的望仙坡西南的平台处海拔112米，是南宁市中心的制高点。这个镇宁炮台是1917年两广巡阅史陆荣廷为抵御外军侵略制造的，炮台内存19世纪德国克房伯工厂制造的固定型线膛加农炮一门。这里同时又是广西南宁近现代国际历史文化陈列馆，在此进去参观还是免费。整个陈列馆从进门到出门，除看见门卫一人外再未见他人，我庆幸自己可以在毫无外来喧闹的环境下与历史进行一番长谈。限于知识与水平，我重点回忆与加深"桂系风云""竹林遗书""南宁兵变"三个场面，以飨阅者。我们知道，南宁始建于东晋大兴元年（318年），自古就是南疆国防重镇。辛亥革命（1911年10月）以来南宁军阀轮替，风云际会。这个炮台，见证着一段段剑断黄河飞热血的近现代国防战事：桂系崛起、南宁兵变、桂南战役、南宁剿匪、抗美援朝、援越抗美、自卫反击作战……

桂系指的是辛亥革命之后先后以广西为统治基地，以广西籍军政人物为主要代表的军阀统治集团，主要控制广西以及广东、湖南、湖北部分地区，可分为以陆荣廷、谭浩明、沈鸿英为代表的"旧桂系"和以李宗仁、白崇禧、黄绍竑、黄忠初为代表的"新桂系"。

新旧桂系是民国时期中国政治和军事上不容忽视的强大力量，他们叱咤风云数载，对近现代中国产生了深远的影响。南宁作为新旧桂系的主要所在地，见证了新旧桂系的辉煌与毁灭。

南宁兵变又是怎么一回事呢？故事讲的是1929年6月第一次蒋桂战争结束后，俞作柏、李经瑞主政广西，但他们控制军队的能力有限，于是俞、李主动提出和中国共产党合作，请共产党派出干部来军政机关协助工作，帮助他们站稳脚跟，巩固自己的政治地位。中共利用此有利时机，在邓小平的统一领导下，经过几个月有计划的工作，秘密地改造了桂系军队。1929年9月俞、李不听中共劝阻，执意参加反蒋的军阀混战并惨遭失败，反动势力卷土重来向广西进发，粤桂军队逼近南宁，战斗一触即发。在 10 月 6 号到中旬这危急时期，邓小平、张云逸、陈豪人等在南宁果断发动了兵变，将经过改造的桂系广西警备第四、第五大队以及教导总队变成共产党的部队，并由南宁开赴桂西。以后以这几支部队为基础，在左右江地区发动了著名的百色起义、龙州起义，创建了左右江革命根据地，创建了工农红军第七军、第八军。

南宁兵变为百色起义、龙州起义奠定了坚实的政治、思想、组织和军事基础，是中国共产党领导兵变工作的成功范例，是邓小平同志军事生涯的光辉起点，也是发生在南宁的一次重要的近现代军事事件。南宁兵变的精神内涵十分丰富，如加强党的建设、加强统战工作、实事求是和人才为本的理念、抓住机遇的意识和危机处理的胆略等，对于今天的南宁仍具有重要的现实意义，是南宁宝贵而又独特的历史丰碑。

在陈列馆里，有一处不起眼的展品最普通、占位最少，然最吸引我眼球，这就是"竹林遗书"。说的是 1940 年日本军队攻陷南宁，广西学生军一士兵在南宁莫陈村遭日军攻击殉难，生前在竹林的竹竿上刻下"终有一天让我们的青天白日旗飘扬在富士山头！"的壮烈遗言。日军崇敬烈士气节，将其锯下携回日本设案供奉。1966 年日军老兵访台时捐赠竹林遗书，这一遗言才为后人所知。76 年啊，我看到了竹林遗书，我对烈士们的豪迈情怀敬佩不已，我自豪自己是他们的子孙后代。我心中升腾无尽的怀念，当更加珍惜和平与友善的环境。

南宁，来去共五日，我难以抚平心中的波澜。我生平虽不怎么喜食米粉，但突然一日三餐三食米粉不厌，我知道能够改变自己的地方也许就在南宁。

（2016 年 12 月 9 日，广西南宁，子夜）

春节里的两个妈

凡中国男人，都有两个妈，一个是自己的亲生母亲，叫"娘"，一个是妻子的母亲，俗称"丈母娘"。大年初一，豫北乡下都是男人携妻带孩儿在"娘"那里团聚过年，初二呢，妻要回她的娘家，男人带上孩儿紧跟着，一齐要去看望"丈母娘"。这两个妈在中国传统的春节里是主要角色，大年初一、初二的活动也主要是围绕由这两个妈支撑的家庭展开的。我感觉这便是中国春节的核心部分，从以上的活动地点安排也能说明这一点。

我家今年的春节也不例外。

妻大约在腊月二十六接到了小孩大舅的电话，称小孩二舅的病情加重，住进了医院。尽管昨日因高三补课才刚刚休息，妻也没有任何犹豫，慌忙作别我与女儿，急速返程，本来想轻松一下的妻又不得不面临又一严重"任务"的挑战：在丈母娘与医院之间周旋。这项"任务"其实不简单，依小孩大舅的判断，作为大女儿的妻似乎最能胜任。这样一来，倒也让妻尽了孝道且增进了兄妹情谊。毕竟，我们常年在外，十多年围绕自己的小家庭转圈，也游离在以两个娘为中心的大系统之外，这次妻的提前返程何尝不是一次很好补偿感情的机会呢？所以，我自觉地承担了理小家及督导女儿的责任，没有也不可能有怨言。我常常想，现实有时会给人许多做好各项事情的机会，只要你认真把握，谁又说不是"强抓机遇"呢！我自认为是一个主动抓机会的人，有时也创造机会去做事，妻呢，大多能正视现实，从容应对，且做得也比较好，这次提前返乡，就是一例。回想我们家的几个大事，诸如工作调动、聘评职称、孩子上学等，她做得都比预期的好。

丈母娘是一个很要强的老太太，饱经风霜的脸上写满了人生七十多年的沧桑。妻常说，丈母娘一辈子很苦，拉扯五个孩子长大实属不易，现如今三个儿子分过，两个女儿出门，她一个人独守一院，以不拖累子女为福。每到春节前，她往往要"赶趁"几天，为的是让一年一次正式回家的两个女儿感觉好点，她也总是想方设法增添点这个她维持了大半辈子的家的温暖，平时极尽节省的煤球炉，每年的初二这天都要被烧得旺旺的，生怕谁说冷，各种可口的水果及美味小零食不到初二这天很少被她"动一动"。为此，她也总会在春节劳累得不好受一阵子，这常常令子女们牵挂，尤其是在外边工作的我们。今年妻提前几天回家，丈母娘自是轻松了许多，但妻可不轻松，一边做家务，一边跑医院。最难的是要瞒住丈母娘一件大事，不能让丈母娘用身体上的轻松换来了沉重的心理上的负担，这不仅仅是小孩大舅的主意，更是整个大家庭的心愿。妻经过三天的努力，圆满完成了"任务"，因为初二那天，我与女儿分明看到了丈母娘轻松的笑容。她很是高兴，尤其对长年不能见面的外孙女慷慨有加，今年给的压岁钱可不少。当女儿后来讲到此事时，我与妻想得更多的是丈母娘的心情，知道其春节是快乐的。

腊月二十八，女儿鹭鹭尚有一次舞蹈课要上，因漫天飞舞的雪花与刺骨的寒风让我担心地面积雪与长途大巴减少会增加我们返乡的难度，于是我俩果断决定也提前返回过春节。一路上，我与女儿很是高兴，我高兴的是要与父母团聚住上一年难得的几天，女儿呢，希望的是多拿到压岁钱。我一路上引导女儿理解压岁钱的意义：就是希望晚辈对过去的一年有很好的总结，发扬成绩，克服不足，长辈据自己一年的收入情况，结合晚辈的进步程度给几个压岁钱压住，告一段落，以利明年取得更好的成绩。女儿听明白后点点头，但我看出来不论啥个理她都希望能多拿几个压岁钱，一是她在对比着去年的"收入"，二是她还有今年的计划"开支"呢。我知道，去年她就强烈要求用压岁钱买了辆自行车，今年她的心里"小九九"尽管没有公布，我会与妻商量，只要有益，我俩都支持她的选择，毕竟家庭现在没有大的负担，但不能忘了一条，养成节俭的美德是我们一直倡导的，尤其对女儿的要求应更加严格。我一路上这样想着，在漫天雪花的陪伴下，女儿高兴地来到了爷爷奶奶家。老远就看见我的侄子白冰站在大门前迎接我们，我见他第一句话是："你奶呢？"侄子调皮地笑着："你妈在家等你呢！"

家是温暖的，我与女儿的到来也给家带来了快乐。嫂子今冬病了两月有余，让妈着实担忧了不少。未见妈前，在楼下看见了嫂子站在阳台上"工作"的身影，我从心底为妈猛地高兴了一下子，不用说嫂子的病基本好了，就知道妈的春节也会好的。

到家后，惯例是对于春节的活儿，我基本帮不上忙。哥长我一岁，似乎春节他忙是应该的，我也乐得"懒"的美名，内心我也正好将春节变成休闲的好时光：吃了睡，睡醒吃，真心将家变成了避风的港湾。在家，我排行老小，一切由妈撑着，况妈也乐意为小儿子做好吃的饺子，其他人的"闲言"均由妈挡住，妈一辈子似乎对我都是这样的祖护，我不太在意他人的感受，我知足。今年春节，妈也有几桩心事，我了解后也替妈分了忧：先到医院看望了住院的小孩二舅，后到我大姐家里逛了一圈。尤其是大姐家，妈常常唠叨，说她日子难过，况今年大姐两个女儿都外出到厦门务工不在家，家中更显冷清，我与妻精心挑选礼品以宽慰姐的心。之后，我们又到几年未见的伯伯家小坐，提前拜个年。妻子很是通情理，两片小嘴也甜，暖心的话没少说，给妈详细汇报后，看到妈满意的"批评"后，我与妻明白此事做得不错。

除夕守岁，初一团聚，妈习惯性地上火牙疼。妻与嫂很是解意，张罗着打牌，以转移注意力，我与一帮孩子们乐得看电视"文化大餐"。夜半钟声响，合家团圆，窗外火树银花，显盛老家和。细想，我与妻都已近不惑之年，辗转反侧，终难入眠。妻因劳累数日，鼾声渐起。爸妈哥嫂要操持次日家务也早入梦乡。女儿不习惯三人同床的拥挤，不时在睡梦中发点"小脾气"。我思绪飞驰，捧书闭目，有诸多感慨：又一个春节平安夜，这是属于中国人的幸福生活。我们这一家是平凡的，传统地过日子，也是千千万万个中国农村家庭的代表，我庆幸在这个家庭中成长，我感谢我生命历程中的每一个人。

小孩二舅的病情多有反复，妻子得知后忙与新乡市联系，商定初三即返回新乡并匆匆告别了老家的春节。两个妈将我们的行囊装得鼓鼓的，几乎每年都这样，吃不少，还拿得多，这也正是两个妈最快意的事情，她们都觉得我们这个小家庭远离大家，孤单无援，春节短聚最该受宠。可我与妻都感恩两个妈的养育之恩，深感未能在其膝下尽孝多有愧意。一路上这样想着，回到家里第一件事就是将两个妈满满的"希望"装进冰箱保鲜起来，愿我们这个小家庭与两个妈支撑的大家庭永远鲜活地联系着。

时间飞速，一晃 14 年过去了。翻看 2005 年 2 月 20 日记录的春节场景，历历在目，犹如昨日。记得那年我正好 40 岁，我真的进入了不惑之年？生活和时间一定会清晰地告诉我答案。

（2019 年 2 月）

"三哥"指引，我上"共产党员"网

　　三哥叫刘育章，是洛阳国资委下属某企业的干部，有30多年党龄了。我们是大学同班同寝室的同学，且是四年的上下铺关系，他排行老三，我叫他"三哥"已经33个年头了。

　　去年春季的某一天，三哥在微信上发给我一篇文章，我在点赞后很是激动，觉得三哥爱读书、善思考的习惯几十年来没有改变，这篇"豆腐块"就是铁证。我爱人是中学语文老师，在大学时代就认识三哥，茶余饭后散步之时，我适时推荐了三哥的文章，也引得我爱人赞不绝口，鼓励我向三哥学习。我觉得在比较浮躁的手机"快餐"时代，三哥的"读书动笔"着实难得。就此我们俩的话题连续几天都没有离开三哥。

　　话题一：三哥其貌不扬，美名可鉴。三哥上大学不易，他自己说是第一年高考没有如愿，高中校长觉得他历史课很是优秀，就硬做通他的工作，让他留高中做了代课教师。三哥也有自己的打算，这样等于自己可以免费高考复读了。第二年，三哥与他的学生一起，考上了信阳师范学院。我们选择政教专业，三哥的学生是学物理的，且是女生，为此我们没有少开三哥的玩笑，但三哥憋红脸庞的辩解至今我们还记忆犹新。但三哥"一年为师，四年负责"的心理契约也的确在我们同学间传为美谈。后来的三嫂自然也不是那个物理系的女生。难道三哥自称不足一米七零的二等残废身高是两人发展关系的障碍？不，是三哥的责任心使然，这一年的师生情谊，三哥视之比什么都珍贵。在大学期间，三哥是学校图书馆的常客，是政教系的学生干部，是校报校刊的投稿者。我们寝室因三哥，知名度和美誉度也大大提升，可谓蓬荜生辉啊！在我的心里，我最佩服的是三哥学生时代的党员身份，因为我知道名额有限，程序复杂，竞争激烈，三哥早早跨进组织的大门，自然实至名归。十年后当我举起右手宣誓时，真真切切地，那一刻我脑海里是三哥的影子，但三哥提前我3600多天。

话题二：三哥其酒量大，夜半读书。大概是毕业15年后，我才与三哥用手机联系上，知道了彼此的一些情况。最最令我吃惊的是三哥烟不离嘴、小酒天天有。他体重一下子上升到180斤，无论在新乡或洛阳我们小聚时，三哥总是不醉不回。当时，我对三哥也颇有些微词，因为我依然很"纯"很"儒"，一副书生模样，烟酒是我的短处。没有想到的是，我在一次偶然机会下闯进三哥的值班室，看到了满屋子堆满的书籍和厚厚的各样材料，细细考虑三哥工作的大小环境，我明白了三哥与烟酒成友的根本原因。换位思考，三哥如果来到我所在的中专学校，一定是个优秀的教师，而我如果在企业工作的话，肯定达不到三哥的成就。当我见到三嫂时，才明了三哥的材料都是后半夜酒醒时分的作品，三哥都是后半夜阅读书籍的。也许三哥有太多的话需要与人交流，看来几十年来陪伴三哥走过漫漫长路的是古今中外圣哲先贤。也难怪三哥如此日醉夜清、不忘初心，始终走在自己坚信的人格大道上。不信你看，三哥仅仅大半年的时间就集中在"共产党员"网上发表文章近80篇，当然还不包括在其他刊物的文章，且篇篇是正能量，篇篇有喝彩声。我尝试着让三哥邮寄一本洛阳作者的书籍，三哥不问详情，第一时间满足于我，我感悟到了三哥对我读书的大力支持。

话题三：三哥其家平凡，三代为师。三哥毕业后没有当教师，但他是一个有教师情结的人。三哥的父亲是三门峡灵宝老家当地一所学校的老师，三哥从小在学校长大。三嫂是洛阳某中学的资深老师，且是教务主任，三哥的独生儿子选择的职业也是老师。有一次当问起三哥孩子的志愿时，三哥很是满意，脸上洋溢着惬意的幸福。三哥认为，教书担负着立德树人的重大责任，教师是学生成长的灵魂导师。三哥没有我清楚"四有好教师"的标准，但仅仅一年的教师生涯让三哥承载了一家三代人的梦想。用当今的成功人士的标准来衡量三哥的个人与家庭，三哥的确是一个平凡的人，他家的确是一个普通的家庭。但作为一名教师的孩子走出大山，三哥跳出龙门，圆梦大学，三哥是父辈梦想的实践者；作为一名教师的丈夫，三哥用别样的人生特殊地支持着三嫂的工作，打造了一个幸福的教师之家；作为一对儿教师夫妻（儿媳妇也是教师）的父亲，三哥无疑也为年轻的教师树立了多读书、做有教育情怀的好教师的榜样。特别是作为一名学生时代的党员，33 年来，三哥用自己的言行一直在影响着我，默默地引领着我。

今天是中秋佳节的第二天，我学习着三哥的文章，享受地阅读着三哥邮寄给我的书籍，思绪翻腾，提笔书写着对三哥——一个平凡的有着30 多年党龄的洛阳某企业普通干部的敬意。

（2019 年 10 月，中秋佳节，雨天发呆，偶感记之）

走进大别山，踏上新征程

一、走进大别山，我心生感慨并有重要收获

大别山是一座革命山，它与江西的井冈山、山西河南境内的太行山共称革命的三座山，它是中国革命的摇篮，是中国革命优秀传统文化和红色基因的策源地之一，它还是唯一一座"28 年红旗不倒"的名山。

大别山是一座英雄的山，从大别山走出的共和国将军有 300 多位，从大别山走出的英勇杀敌、战功赫赫的革命英雄不计其数，从大别山辐射的鄂豫皖苏区各个村洼几乎家家有烈士，户户有红军。

大别山是一座人民的山，大别山的人民誓死跟着共产党走，大别山的土地蕴含着浓浓的军民情谊，大别山走出的红军、游击队员、解放军战士都将大别山视作养育自己的亲生父母，他们深深地爱着大别山。

从 2017 年 5 月 30 日到 2017 年 6 月 4 日，我参加省社"两学一做"党性修养培训班，来到了大别山干部学院学习。短短的五天时间对我来说犹如心里走过了二万五千里长征路。

我可以用四句话概述心中的感慨，即心灵得到了洗礼，感情得到了升华，党性得到了提升，素质得到了提高。五天的教学内容安排主题鲜明，大别山干部学院的教学方式灵活多样，教学的组织形式严密细致，广大学员的学习氛围浓厚、学习态度端正。主要的收获可以用三句话提炼。一是不忘初心。我明白了自己当初为什么入党，入党后干了什么，如何真正践行全心全意为人民服务的宗旨，将来为党留下点什么。二是汲取了精神。这个精神就是大别山精神，即信仰坚定，团结奋进，朴素务实，担当奉献。我进一步明白了中国革命精神是由大别山精神、井冈

山精神、中央苏区精神、长征精神、西柏坡精神等构成的精神共同体，且深刻领悟了大别山精神所赋予的时代价值，这种精神所蕴含的内涵是中国共产党人的历史使命、根本宗旨、政治本色和人格力量在大别山区这一特定区域的集中反映，是中华民族精神、革命精神和时代精神的有机统一。三是点亮了明灯。这盏明灯就是我们共产党人前进的方向，这盏灯就是让我们始终站在人民群众的利益这一边，这盏明灯就是人民群众对美好生活的向往。有了这盏明灯，我们能够正确处理公与私的关系，有了这盏明灯，我们能够恰当地区分整体与局部关系，也正是有了这盏明灯，我们还能够赢得最广大人民群众的支持与拥护，老区的人民真心地表白"听党话，跟党走"就是对我们最好的回馈与评价。

二、走进大别山，我厘清了一个地理概念和历史概念

大别山位于鄂豫皖三省交界处，西接河南的桐柏山，东部延伸为安徽的霍山和张八岭，东西绵延380千米，南北宽约175千米，是长江与淮河的分水岭。有人说，唐代大诗人李白当年登上大别山主峰白马尖，发现南山、北山景色截然不同，赞叹曰："山之南山花烂漫，山之北白雪皑皑，此山大别于他山也！"大别山的名称由此流传开来。今天，我更愿意赋予大别山另一种含义，即大别山是革命转折的山、胜利的山。中国革命在大别山发源、发展、高潮、低谷、转折直到胜利。大别山在地理位置上十分重要，是兵家必争之地，有种说法是"得大别山者得中原，得中原者得天下"。大别山北邻淮河，南靠长江，瞰制中原，的确为各个时期的军事家所重视。然我更想阐明的是大别山被掌握在了共产党的手里，大别山区的人民誓死跟党走，大别山成为中国革命的一座宝山。这里是黄麻起义的策源地，是红四方面军的诞生地，是新四军的根据地，是刘邓大军千里跃进的落脚点，可以说走进大别山，就走进了大别山不朽的红色历史。这是一方孕育革命的红色热土。党创建初期，这里就开始有党组织的活动。从1927年到1930年，鄂豫皖革命根据地被创建，以新集为首府，以大别山为中心，以黄麻、商南、六霍三大武装起义为骨干；这里是土地革命时期我党创建的仅次于中央苏区的第二大革命根据地，鼎盛时期有 27 个县、3 个市、350 万人口，有主力红军 4.5 万人；抗战时期，李先念在此组建了新四军第五师，创建了鄂豫边抗日根据地，成为江淮抗战的中流砥柱。1947 年 6 月，根据党中央的战略决策，刘伯承、邓小平冲出国民党的围追堵截，强渡黄河，徒涉淮河千里跃进大别山，歼敌 9 万余人，创建了大别山根据地，拉开了解放战争转入战略反攻的序幕，成为解放战争的转折点。

这是一首彪炳千秋的英雄史诗。大别山可谓"山山埋忠骨，岭岭铸忠魂"。在艰苦卓绝的革命战争年代，大别山人民先后有 200 多万人参军参战，近 100 万人英勇牺牲，以鲜血和生命赢得了"红旗不倒"的崇高荣誉。以新县为例，当时其不足 10 万人，牺牲的优秀儿女达 5.5 万人之多。但面对敌人的屠刀，英雄的老区人民愈挫愈奋，宁死不屈，表现出对革命事业的无比忠贞，谱写了一曲曲光照千秋的动人诗篇。《八月桂花遍地开》由此诞生，唱遍全国，成为大别山儿女英勇斗争的生动写照。

这是一座无声的丰碑。大别山先后诞生了红一军、红四方面军、红 25 军、红 28 军等主力红军。红四方面军走出大别山后创建了川陕根据地，红 25 军是红军长征首先到达陕北的"北上先锋"。在大别山区，留下了周恩来、刘少奇、董必武、邓小平、刘伯承、叶剑英、贺龙、徐向前、李先念等老一辈革命家、军事家的光荣足迹。这里诞生了两位共和国主席，走出了徐海东、王树声、许世友等 349 位叱咤风云的开国将领，出现了红安、金寨、新县、大悟、六安等全国著名的将军县。

三、走进大别山，我坚定了理想信念并抛除了私心杂念

共产党人的理想是推翻三座压在人民头上的三座大山，救广大民众于水火，实现人民当家作主，直到实现共产主义。革命战争年代，大别山人民凭借坚定的信仰，在白色恐怖和极其困难的环境条件下，百折不挠，坚守大别山。举两个例子。一个是周俊鸣，1933 年，他领导确山县农民发起暴动，反抗国民党的黑暗统治，1935 年遭叛徒出卖被捕入狱，出狱后在桐柏、泌阳、信阳等国民党统治薄弱的山区开展工作，1935 年年底，又在信阳西北的小石岭村组建鄂豫边区游击队，抗日战争爆发后任豫南人民抗日军独立团团长。周俊鸣在长期的革命斗争中置个人的生死于度外，同敌人进行艰苦卓绝的斗争，他对党、对革命事业有坚定的信念，无论遇到什么挫折，受到什么打击都始终不渝。另一个是箭厂河农民自卫队队长程儒香，他带领农民自卫队参加黄麻起义，作战英勇，被捕后，敌人使用种种酷刑，他坚决不说党组织的情况，最后气急败坏的敌人将他零刀碎割，大雪天扒光衣服，用四根铁耙齿把他钉在青砖峭壁上活活折磨至死。我在思考中国革命的胜利是由多少个像周俊鸣、程儒香这样的革命先烈和老一辈革命家用生命换来的，坚守信念，坚定信仰，铁心革命，矢志不渝的精神与行为才铸就了中华人民共和国的大厦。我们今天的幸福生活真的来之不易啊！我也思考着另一个问题，为什么中国革命的精神，尤其是大别山精神能够生根开花结果？从马克思主义中国化的视角看，中华民族精神是中国传统文化的核心部分，无疑，中国革命精神是这一核心的重要内核。大别山所处的中国特殊地理位置涵养和传承了优秀的中华历史文化，大别山是一座有别样性格的山，大别山的军民在此文化的熏陶下经过长期的革命斗争实践形成了大别山革命精神。党的十八大明确指出：共产党人要坚定理想信念，坚守精神追求，这是共产党人的政治灵魂，是共产党人经受住任何考验的精神支柱。走进大别山，我们就应该学习大别山精神，坚守理性信念，认真落实"三严三实"，践行"两学一做"，开展批评与自我批评，抛除个人一切私心杂念，不断使自己的灵魂更加纯洁，踏着先烈的足迹，追寻先烈信念，牢记党的宗旨，做一名干净、担当、有为、廉洁的共产党员。

四、踏上新征程，我更新了教学观念且践行新的教学理念

大别山干部学院姓"党"，更珍爱"大别山"这块金字招牌。习近平总书记讲："优秀传统文化不能丢，丢就丢了魂；红色基因不能变，变就变了质。"大别山干部学院身体力行，率先垂范，是大别山革命精神的模范传播者。我是一名中专学校的教学管理者，我欣赏大别山干部学院全新的教学模式：体验式教学、激情教学、现场教学、专题教学、访谈式教学、理论教学、影视教学等丰富多彩，一改传统的被动疲惫的教学方式，其收效良好。由此，我联想到学校的德育课教学，大有可借鉴之处，如实践德育、活动德育、专项德育、榜样示范等。我相信，只要创新探索，大胆借鉴，兼容并蓄，补短取长，中专德育一定能大为改观。此外，我还欣赏大别山干部学院的教师业务水平与敬业态度。这里严谨规范的工作流程，一丝不苟的工作精神，善始善终的工作要求，都给我留下了深刻的印象。在教学业务方面，教学内容适度恰当，教学主题明确，教学方式机动灵活，教学手段不断创新，每一位教师都能完全胜任自己的角色，无论是演讲、解说、授课，他们都用心用情、声情并茂、情理交融，赢得参学人员的一致好评。再者，大别山干部学院环境优美、风景如画，置身其中，身心两悦。红色大别山与绿色大别山的交相辉映在这里得到了充分体现。漫步校园，徜徉于青山绿水间，既让我们洗涤了心灵、陶冶了情操，又让我们亲近大自然，放飞心中的梦想。感谢大别山干部学院辛勤的园丁，你们让氛围育人、环境育人，草木皆动情。明代心学大师王阳明提出"知行合一"理念，习近平总书记曾多次提出"知行合一"的主张，回想李克强总理在对职业教育的批示中也提出要坚持"知行合一"的原则，来到大别山干部学院这五天，我所深深思索的"两学一做"的"学"与"做"就是"知行合一"的体现。联系工作岗位，把大别山精神落实到振兴供销社职业教育的具体任务，中专学校最直接的体现就是用"知行合一"的原则解决教学工作中的难题，把深度校企合作、密切工学结合、理实一体化教学长久坚定地坚持下去。通过五天的培训，我们"学而做，知即行"，充足精神之钙，坚定理想信念，勇于担当，这也恰是我们每一个人来到大别山干部学院的核心要义。

　　我生平第一次穿红军服，也是第一次随省供销社机关集体外出培训学习。如此近距离地以"战士"的作风感悟了省社"两学一做"党性修养培训班的具体要求与班规班纪。在五天的学习中，时间安排合理紧凑。文体活动拉近彼此距离，心得体会交流提升了共同的感知与体会，高标准严要求展示了红军的"三大纪律八项注意"，严整的军容风貌、严格的考勤制度、严肃的学习要求确保了学习培训的效果与团队的亮丽风采。省供销社机关与直属企业干部作风优良，学习积极主动，互助合作意识强，思想觉悟水平高，感悟提升素质好，通过五天相处，我受益良多。我本人在28年前毕业于大别山唯一的高等学府信阳师范学院，自称半个信阳人，对大别山的革命斗争历史有一定的基础认识；今天，与省供销社团队再回大别山另一所学院培训学习，可称补足精神之钙，对大别山的山水花草倾注了无限的深情。我留下了穿红军服的照片，我更愿意保留并弘扬大别山"28年红旗不倒"的精神；我深爱大别山的山水花草，我要把这种爱体现到具体的工作岗位，体现到为实现中华民族的伟大复兴的中国梦的征程上。

（2017 年 6 月）

中　篇
看法与说法

问道"全国职业技能大赛"之珠峰

2010 年 12 月，我校举办了河南省供销社系统五所中职学校技能大赛经验交流会。我作为本届全国职业技能大赛的前沿指挥员，根据相关领导的安排，认真梳理了学校近几年技能教学和省赛、国赛以及教改之间的关系，并热情地与大家进行分享。

近年来，我校紧紧围绕提高教育教学质量、创建特色职业学校这个中心目标，以技能大赛为切入点，在技能教学和训练中大胆尝试和探索，不断深化教育教学改革，有力地促进了专业建设、师资队伍建设、教材建设、教育教学方法创新，走出了一条适合我校实际的质量强校之路，推进了学校各项事业全面发展。

一、主要做法

技能训练和竞赛是职业学校专业教学和素质教育最主要的内容和形式，我校通过创新教育理念，深化教育教学改革，夯实办学基础，不断推进技能训练和技能竞赛工作向更深、更高层次迈进。

（一）强化一种理念

一种理念即质量兴校的理念。近年来，国家教育部和我省先后出台一系列政策，支持职业教育发展，要求职业院校紧密结合经济社会发展的实际，大力深化教育教学改革，狠抓技能性教学，提高学生技能素质，全面提升教育教学质量。通过认真学习上级有关发展职业教育的政策精神，我们充分认识到，招生规模是学校的生命线，提高质量更是学校充实内涵、良性循环、持久发展的核心与关键，必须坚持"两手抓，两手都要硬"，其中教育教学质量，尤其是技能型人才培养的水平关乎学校的形象与发展，应放在更加重中之重的位置来抓。对此，学校领导班子思想高度统一，准确把握职业教育政策和规律，在谋划学校三年规划中，把技能训练作为学校改革发展的重要内容和重大举措写入规划，不断完善方案，细化措施，强力实施。学校尽管财力不足、经费困难，但对教育教学质量却抓得更多、抓得更紧、抓得更实，具体表现在资金投入的比例大，人员分配的份额高，政策倾斜的力度大，制度建设的步伐快。全面深化教育教学改革，狠抓技能型教学，不断提高教学质量，加快技能型人才培养的教育理念更加深入人心。

（二）完善三个方案

一是《创新教学工作方案》。该方案是根据《河南省人民政府贯彻国务院关于大力发展职业教育的决定的实施意见》（豫政〔2006〕20号）的有关精神、结合我校实际制定的。该方案共有六个部分：第一，创新教学、双证就业的依据；第二，指导思想；第三，组织机构；第四，校内技能考核方案；第五，校外技能证书考核办法；第六，学生技能评估体系。教学工作的创新涉及许多方面，加强师生的技能水平、推进"双师型"队伍建设和"双证就业"工作是教学工作创新的重要环节。该方案对全校教学改革创新起到了强有力的宏观指导作用，也为开展技能训练和竞赛提供了依据和支持。

二是《关于国、省、校三级技能竞赛训练及参赛实施方案》。该方案对技能训练和竞赛工作进一步细化，提出明确要求，为技能训练和竞赛工作的顺利实施提供了保障。按照方案的要求，进一步明确分工，细化责任，持之以恒，强力实施，形成了学校领导带头抓、各专业部室具体抓、相关人员抓落实的工作格局，在全校建立起了层层选拔、人人参与的技能竞赛选拔机制。其真正做到抓师生技能，促教学改革，敢为人先，追求卓越，执着努力，不断完善，力求更好。两年来，参加全国汽车大赛并获得优异成绩的4位选手就是在这种机制的指导下，经过层层选拔脱颖而出的最优秀选手。

三是《全国技能大赛冲刺阶段实施方案》。为做好全国技能大赛备赛工作，力争在大赛上达到预期目标，学校制定了该方案，对备战大赛的组织、训练、检查、督导、作息、后勤保障等各环节进行了进一步的明确和细化，保证了参赛选手和教练能够静下心来进行强化训练、科学训练，解除了后顾之忧。

（三）人手一本手册

人手一本手册即在校三千余名学生人手一本《学生技能手册》。在长期的教学实践中，我们深刻认识到，技能教学、技能训练工作是职业教育主动适应当前经济结构调整、劳动力结构重组以及企业用工的真实需求，是学生就业创业的现实需要，是职业类学校积极主动的行为。我们认真领会上级文件精神，创新工作方法，根据"新教学方案"，结合学校实际，自己组织力量，编写出台了《学生技能手册》。该手册对每一个专业方向都提出了明确的技能达标要求。无论哪一个专业的哪一名学生，都清楚自己应掌握的综合技能（也称基本技能）和专业技能，了解每项技能的考核时间、考核要求、考核目标以及岗位标准。通过行之有效的培养方案，较好地实现六个对接，即学生的知识结构和能力结构的培养要求与职业资格标准相对接，专业技能培养与企业岗位、生产产品相对接，专业课程内容与职业标准相对接，教学过程与企业生产过程相对接，学历证书与职业资格证书相对接，最终达到职业教育与学生的终身学习相对接。这样做，有力地增强了毕业生的就业能力，切合学生的实际和行业企业对相关技能人才的现实性和发展性需求。在刚刚结束的省级首批教学质量评估中，评估组专家们对我校的这种做法这样评价："准确把握中职教育办学规律，确立了科学的办学定位、正确的办学指导思想、准确的培养目标，通过六个对接，凸显了学校鲜明的职教特色，学校各项事业呈现快速发展态势。"

（四）编好一套教材

编好一套教材即广集智慧，开发校本教材。我们组织学校有经验的教师、行业精英、企业专家认真学习职业教育理论、职业教育发展动向和国家有关职业教育的方针政策，围绕职业教育教学改革展开讨论，在此基础上共同研究编写校本教材。整个工作按下列程序进行：①邀请企业专家进学校座谈，并与教师结成对子，共同研讨教材编写思路；②主编教师提出编写大纲，经讨论后交企业专家审定把关；③教师到企业调研，搜集资料；④教师执笔写作，遇到技术问题随时与企业技术专家碰面探讨；⑤编写完工讨论定稿后请企业专家终审。以上措施保证了教材理论与实践紧密结合，反映了企业生产岗位最新技术，准确实用，避免了闭门造车、照抄照搬、改头换面等问题出现。校企合作开发教材密切了校企关系，提高了教师业务素质，促进了教师向"双师型"发展。近年来，我校根据各专业技能训练的要求，先后开发了《汽车钣金与喷涂》《汽车维修项目教学》《会计实账演练》《中小企业会计电算化实操》《电子产品电路焊接与技术规范》《海员实用英语口语》等校本教材，这些都是以往中专教育中未曾被开发过的。以汽车专业为例，在13家汽车维修企业或4S店专家的指导下，借鉴全国汽车大赛慈溪锦堂职高的教材建设经验，重点考虑区域行业对人才结构的需求，充分把握我校现有的师资和设备状况，利用校企合作的机制，该专业在钣金、机修、喷涂三个专业方向方面已全部使用校本教材。目前，学校绝大多数专业都在一定程度上开发使用校本教材，广泛充分地开展项目教学、技能打包教学，以尖子生培养为龙头，以优质对口高效订单培养为中坚，针对不同层次的学生，因材施教，因岗选教，因时择教，因需特教，灵活多样地开展技能教学活动，使技能训练收到良好效果，调动了学生学习专业技能的积极性和主动性。

（五）创新三个模式

创新三个模式即大力创新人才培养模式、教学模式和办学模式。一是创新人才培养模式。在新形势下，动员全体师生转变观念，改革教学内容，改革课程体系，改变教学方式，紧扣市场需要，针对各专业特点和对口企业要求，逐步建立起以市场为导向的人才培养模式。目前我校大多数专业已经把企业的用人标准和管理模式成功引进到课堂教学中来，有力地促进了技能教学、技能训练。如汽车工程专业部与新乡市多家汽车4S店合作，对学生实行短期实训周的工学结合培养模式；财经管理专业部与新乡市金世纪会计事务所合作，对财会专业学生进行实账模拟训练；计算机专业部的电脑艺术专业则让学生设计的作品与企业需求相结合，使企业走进校园，与师生直接互动交流，走出了工学结合人才培养的新模式。学校先后与多家企业合作，在学校开设了金龙电子班、吉利汽车维修班、美的空调技术班、高创电子技术班等特色班，实行订单培养，推进校企合作不断深化。二是创新教学模式。自2005年以来，我校在大力倡导教学改革的氛围中着力于教学模式改革的研究与探索，分别形成了以文化素养课为对象的模拟教学模式，以财经管理课为对象的案例、场景教学方式，以汽车、电子、计算机为对象的项目教学方式的改革体系。2009年我校承担的"项目教学在电子电器应用与维修专业课程开发中的研究与应用""汽车专业短期实训教学的探索与研究"两个省教育厅重点课题均获一等奖，充分反映了我校在改革教学模式方面取得的突出成绩。另外，我校还通过组织技能教学企业现场会，提高教学效果。2005年以来，学校教学管理人员、专业教学部主任、专业任课教师先后在卫辉、辉县、小冀、诚信、东安汽修、冠誉丰田、广森汽车装饰等地方汽修厂召开现场会，既开阔了眼界，又丰富了教学资源，实质性地推动技能教学工作上了新台阶。三是创新办学模式。按照资源共享、优势互补，走集团化、连锁化办学的路子，学校主动开展联合办学工作，由单纯的订单培养、接纳学生实习就业等浅表合作，向紧密型、投资型、股份合作型、共同培养型等深层合作推进，把学校的实训工场办在企业，把企业的车间建到学校。这种合作模式实现起来难度很大，但我们却一直在努力创造条件，与企业密切接触，并取得了较大进展。目前，我校已与北京京东方苏州高创电子有限公司签订了一系列合作协议，其中一项重要内容就是在我校设立高创电子公司华中地区维修中心，由高创出资购置专业设备，为学校建立产品实验室，安排技师进驻学校，直接培养与企业岗位对接的技能型人才。公司高管也已于上个月来校考察，此项工作正在稳步向前推进。

（六）夯实两个基础

夯实两个基础即加强师资队伍建设和教学设施建设。一是加强对教师的业务技能培训，提高技能教学能力。近年来，我校先后组织了一大批专业带头人、骨干教师和青年教师参加省教育厅组织的专业培训，到合作企业进行实践锻炼，通过培养，使专业带头人具有更加先进的职业教育理念，把握专业技术发展方向，掌握行业、企业最新技术动态，丰富了教学经验，提高了实践能力，解决了教学和生产实践中的实际问题。骨干教师能够在专业技能、职业素质等方面符合职业教育要求，并能根据行业企业岗位需要开发课程，及时更新教学内容，成为专业核心课程的建设者和实施者，成为"双师"素质建设和校外实训基地开发建设的主力军。仅今年暑假期间，我们就先后组织40多人次到省城、合作企业参加培训，效果显著。二是大量聘请行业专家、技术能手作为兼职教师，强化技能训练。和许多兄弟学校一样，我校许多专业实训指导教师紧缺，我们采取校企合作、大量外聘兼职教师的办法加以弥补。我们通过组织召开聘用教师的恳谈会，聘用高素质的兼职教师。坚持感情留人、待遇留人、发展留人的基本思路，不分校内外，不分专兼职，只要对专业建设、教学改革、技能培养、校企合作有贡献的，我们都一视同仁，如在课时酬劳、技能辅导、项目训练、培训学习、教研活动等方面均有体现，真正使外聘教师与学校心连心，共图事业发展，做到了不分内外地"将一流的报酬给一流的人才"。我们组织召开由校外专家参与的专业建设咨询会，聘请兼职教师来校交流，如汽车专业咨询会聘请的校外专家包括新乡市高校汽车专业的教授，汽车维修企业的一线专家，国家、省市汽修行业协会的专家。近三年来，据不完全统计，仅走进汽车专业课堂和来我校讲学的专家就有 15 人之多，他们在技能教学、证书考取、驾驶培训、项目研讨、教材编写、课程设置、考核标准、素质要求、专业方向、难题共商、人才支持等方面起到了非常重要的作用。三是加大投入，加强教学设施建设。在学校资金紧张的情况下，学校克服困难，想方设法筹措资金，用于教学设施的改造和更新。学校于 2009 年争取省职教攻坚计划汽车专业实训基地项目，投入 150 万元用以更新改造汽车专业实训设备；今年又先后投入 50 多万元更新了计算机实训室，新建了财会模拟实训室等。另外，我们充分发挥广大教师的主动性和创造性，自己动手建设了一批实验实训室，基本上满足了正常的教学实训需要。

二、取得的成效

开展技能训练和技能竞赛不仅使我校取得了优异的全省、全国大赛成绩，还有力地推动了教育教学改革进一步深化，提高了教育教学质量，提升了学校声誉，使学校步入健康发展轨道。

第一，创造了佳绩。几年来，我校在全省和全国技能大赛上获得了优异成绩，2007 年、2008 年连续两年荣获全省汽车专业维修技能一等奖；2008 年和 2009 年参加全省职业学校"文明风采"大赛活动，共荣获 15 个省级一等奖，3 个全国一等奖；2009 年 6 月份代表河南省出征在天津举行的全国汽车维修技能大赛，一举囊括钣金项目的 2 个二等奖，为河南省代表团争得了荣誉；2009 年 10 月，参加河南省汽车技能、电子产品组装和调试技能、电脑艺术设计技能 3 项大赛，共荣获 2 个团体一等奖，6 个个人一等奖，参赛选手全部获奖；2010 年 6 月再次代表河南省参加了在天津举办的全国职业院校技能大赛，一举获得中职学校汽车喷涂项目总冠军和汽车钣金项目二等奖，其中喷涂项目总冠军是河南省参加全国职业学校技能大赛以来获得的第一个最高荣誉，受到教育部、省政府领导的肯定；在前不久结束的 2010 年全省职业学校学生技能大赛上，我校共参加 15 个比赛项目，荣获 8 个一等奖、11 个二等奖和 8 个三等奖，其中钣金项目包揽全省第一和第二名，涂装项目荣获全省第一名，获奖学生达 34 人，占参赛选手人数的 91.9%。

第二，转变了观念。人都有惰性心理，教师也不例外，教学改革最难改的就是教师的观念。实施技能训练和技能竞赛逼着我们的教师转变教学思路，重新学习新的教学方法，参加社会实践，提高自身实践性教学能力。传统的一本书、一张嘴、一支粉笔、一块黑板讲到底的授课方法没有了市场和生存的空间，注重技能教学、搞好技能训练、开展技能竞赛已经成为全校广大教师的共识。广大教师认真研究新教材，刻苦钻研新教法，已成为一种自觉的行动。

第三，推进了改革。我校通过狠抓技能训练，参加全国、全省技能大赛，专业建设、教材建设、师资队伍建设、教学设施建设都得到了巩固和加强，学生培养模式、教学模式不断创新。老师的教学目标、学生的学习目标和方向更加明确，教学过程和方法更加具有针对性，教学效果评价方式得到不断改进，教学成效更加显著。汽车、电子、计算机、会计等骨干专业的实践性教学得到大力推进，学生在全省甚至全国技能大赛上取得了优异成绩。专业建设成效明显，特色日渐突出，品牌效应日益显现。尤其是今年，伴随着我校选手在全国大赛上摘金夺银，来校咨询、报名汽车专业的学生和家长人数比往年大幅增加，今年该专业共招收新生 300 余人，组成 6 个教学班，10 年来首次超过其他各专业，实现招生人数全校第一，成为名副其实的骨干专业、品牌专业。

第四，提高了技能。几年来，我们通过抓技能训练和技能竞赛，极大地提高了学生的实践技能和教师的实践性教学能力，达到了双提高的目的。一方面，各专业的学生至少都学会了一技之长，在每一个专业方向上的技能得到了强化，为就业打下了基础。另一方面，广大教师也在教学中得到了锻炼和成长，造就了一支优秀的"双师型"教师队伍，培育出了一批名师名家。汽车专业总教练艾卫东已经是享誉全省职教系统的全国金牌教练，成为全校教师的楷模和广大学生敬仰的大师。

第五，深化了合作。技能训练和技能大赛由于取得了优异成绩，吸引了许多企业与我们开展校企合作。一方面，毕业生深受用人单位欢迎和好评，纷纷与学校签订合作意向，进行订单培养，开设企业冠名班，如新飞电子班、金龙铜管班、海尔电子班、奇瑞汽车班、高创电子班等，绝大部分在校生第二年就被各用人单位预定。另一方面，学校的引厂入校工作也取得了实质性进展，校企合作得到进一步深化。

第六，提高了声誉。参加全国技能大赛并取得优异成绩为学校的发展创造了优良环境，国家教育部、省教育厅有关领导都对我校刮目相看，凡有利于学校发展的项目、活动，都会优先考虑我们，学校在社会上和教育主管部门那里都有了一定的地位和很好的形象，从一个名不见经传的无名小卒一跃成为各级领导眼中的"红人"。今年10月份，学校作为首批全国中等职业教育改革发展示范学校推荐对象，被省教育厅以第二名的身份推荐到国家教育部，目前已经通过三部委的初评，公示已结束，正式进入批准阶段。省供销社杨慧中主任明确指出："技能大赛的优异成绩给处在弱势群体中的新乡学校树立了特色兴校的新形象，带来了专业发展的新生源，振奋了师生的精神，鼓舞了大家的士气。"的确，通过大赛，我们腰挺了，自信了，脸笑了，事业发展了。

三、几点体会

第一，提高认识是前提。尽管技能训练只是职业学校教学的一个重要环节，技能竞赛只是检验技能训练的一种重要方式，但我们认为，搞好技能训练和竞赛是深化教育教学改革、提高教育教学质量的一个重要抓手和一个很好的切入点，是打造特色学校、提升学校形象、推动学校事业全面发展的重要举措，对此我们坚信不疑。近几年来，我校就是通过狠抓实践性教学和技能训练，有力地推动了教育教学改革不断向深层次迈进。

第二，领导重视是关键。学校主要领导对技能训练和竞赛工作高度重视，学校成立了"专业技能比赛及训练组织指导委员会"，校长亲自挂帅，主管教学工作的副校长负责一线督导，及时组织召开专题会议部署安排技能训练和竞赛工作，明确了指导思想和职责分工，制定了详细的实施方案，确保技能训练和竞赛工作顺利进行。主要领导定期听取工作汇报，经常深入训练一线查看指导，和教练、选手一起研究对策。2009 年、2010 年连续两年我校参加在天津举办的全国职业学校技能大赛，何海性校长、岳小战校长都不辞辛苦，千里驱车，靠前指挥，这是取得胜利的前提条件。

第三，政策支持是保障。学校制定了技能训练和竞赛工作方案，还制定了奖励措施，设立了国家和省级获奖津贴，规定了表彰层次与形式。学校优厚的政策支持激发了选手刻苦训练、努力创造优异成绩的愿望。拿今年备战全国大赛来讲，对于涂装项目，我们是零经验，对于涂装设备，我们并不能完全满足，对于汽车涂装原料（漆），我校教练与选手都没有亲眼见过，面临着学校各项经费紧张的压力，学校为了大赛果断决策，快速上马，无条件满足，学校主要领导与教练一起三赴省城，购买优质涂漆及其他耗材，保证了每日限定的训练项目按时完成。准备大赛往往在炎热的暑假，学校妥善地安排教练与选手的食宿，提供周到细致的后勤服务，确保选手和教练吃好睡好，使其保持最佳的身体状况和精神状态。

第四，科学训练是基础。学校注重用科学的训练方法提升训练水平。首先，要确定科学的训练原则；其次，科学制定四个阶段百日冲刺训练方案；再次，采取主教练与助理教练、心理教练、军事教练等团队训练法，有效提升选手的综合素质；最后，将能工巧匠与行业专家请进学校共同"会诊"，使选手的技术发挥稳定在较高的层次。每次技能大赛，学校都制订科学细致的备战计划，训练采取倒计时办法，实行辅导教练与参赛选手一对一实战模拟训练，教练和选手没有休息日，不停训练，不讲究生活条件，全神贯注投入训练，反反复复研究技术，认真寻找技术差距，纠正不规范动作，为提高技能水平、夺取大赛优异成绩奠定了基础。全国金牌教练艾卫东专门就此写成一篇文章《两点一线工作法，短期实训结硕果》，受到业内同行的一致认可和好评。

第五，信心决心是动力。我们的教练和选手有着挑战自我、不畏困难的勇气，这也是摘取皇冠上明珠的必要条件。他们不畏严寒酷暑，牺牲节假日休息时间，不计较设备和生活条件简陋，一心一意只想着大赛，只想着学校的荣誉。可以说他们是为学校而赛，为荣誉而战。这种难能可贵的坚忍不拔、无坚不摧、拼搏奉献的精神是我校大赛取得优异成绩的不竭动力和源泉。我校的艾卫东教练戏言自己是"二百五"。学校领导班子认为对于"二百五"要正确看待，一分为二。"二百五"言行异于常人，也往往能为不可为之事，我们教学管理人员要学伯乐会相马，将自己麾下的人的才能在恰当的时机条件下淋漓尽致地发挥出来，他们在实现人生价值的同时，也为学校做出非凡的贡献。

第六，合作共赢是条件。大事作细，难事作易，合作共赢。老子说："天下难事必作于易，天下大事必作于细。"技能大赛既大且难，应对重重难题，挑战的是学校智囊团队的能力、学校攻难克坚的水平。在大赛面前，我们难能可贵的是信心，是细致，是执着，是无私，是事业，是合作。这里我们更深刻地体会到了合作。美国著名管理专家沃伦·本启斯谈道："不断变化的问题需要更快、更聪明、更具有创造性的解决方法，而且这一解决方法一定只能在合作中取得。"我校各专业的发展过程及技能大赛的成功背后，是许多合作企业、合作院校的大力支持。校企合作、校校合作、开门办校，不但深化了教学改革，促进了技能训练，而且密切了合作关系，加深了友谊，拓宽了办学路子。

当然，尽管这几年来我们在技能训练和竞赛中取得了一些成绩，但与兄弟学校尤其是发达地区的同类学校相比，与领导的要求相比，与全校师生的期望相比，我们深知自己还有不小的差距。我们一定会以省供销社教育工作会议和这次现场会的召开为契机，继续抓好技能训练和技能竞赛工作，推动学校教育教学工作再上新台阶，取得新成效。最后，让我借用理解教育的三句名言结束今天的发言并与在座的同仁共勉：教育是事业，事业的意义在于献身；教育是科学，科学的价值在于求真；教育是艺术，艺术的生命在于创新。真诚祝愿供销职业教育办好中职，办成高职，抢抓机遇，乘势作为，特色兴校，在多个专业领域异彩纷呈。

（2010 年 12 月）

既选择了远方，便注定要风雨兼程

每年的2月份，我校都要把参加对口升学的学生集中起来动员一番，细算到今年已经连续18个年头了。2月份，这个时间对于升学教学管理工作来说，是重要的时间节点，更是中职生用知识改变命运的关键时间节点。我在学校连续管理或关注这项工作不少于15年，今年，2017年的2月很特别，我把对口升学三年级学生的家长也请到了学校，在六楼报告厅举办了很隆重的"百日冲刺动员大会"。我虽有千言万语，也曾激动万分，但怎样将此化为学生与家长包括全体任课教师、班主任教师奋进的动力呢？我没有使用讲话稿，真诚地与师生和家长朋友做了如下交流。

昨日是农历二月二，"龙抬头"的日子，今天我们在此聚会，春光明媚，万物复苏，也是个吉祥好日子，这预示着我们对口升学三年级的200余名学生在一段时日后，在学校、家庭、师生的共同努力下，今年的"收成"一定更好！借此机会，我与大家分享以下三句话。

第一，告诉大家，我对大家今年取得好成绩充满期待。原因是14级对口升学班的班主任教师是一个优秀的群体，高三教师的配备是经过精挑细选的，高三自始至终的管理井然有序，每一位高三的同学们都是有梦想的。

第二，家长积极参会的行动告诉我，你们对孩子成人、成才、成功是成竹在胸的。原因是你们不仅在口头上关心孩子，更是将关心坚定地落在了行动上；你们不仅关心其吃穿住，更关心其品德的养成与学业的进步；你们不仅没有后悔三年前将孩子送进我校，你们更将对在8月18号这个特殊的日子（走红地毯）与学校相约有信心。

第三，到场的 800 余名学生（有一、二年级的学生代表）用昂扬的精神风貌，200 余名高三学生用庄严的誓词无可辩驳地证明了你们在对口升学综合高中的三年是有意义的，是人生永远难忘的三年。原因是每天早上我听到了你们朗朗的读书声；下午第三节课你们自觉抵挡住了喧闹沸腾的操场的诱惑，潜心于教室，乐学不疲；晚上正常两节自习后，在寂静的教室里、在凄凉摇曳的树影下、在本该休眠的 200 米跑道上分明是你们在奋力书写人生波澜壮阔的画卷；双休日对你们来讲也许是一个错词，在节假日你们享受完整的休息是一种奢侈。但你们三年来没有怨言，因为你们不需要更多的解释，清楚明白既选择了远方，便注定风雨兼程！

作为学校的领导，我此刻的心情借用诗人艾青的诗句来表达：为什么我的眼里满含泪水？因为我对职业教育对口升学及脚下这 60 亩的热土爱得深沉！

著名文学家夏丏尊说道："教育是有生命的，教育的生命就是爱心。"没有爱就没有教育。我衷心地祝愿，爱的涓涓细水经 18 年的流淌一定能东到大海，衷心地祝愿莘莘学子好梦成真！

（2017 年 2 月 28 日）

弘扬"工贸精神"，有为"二次创业"

　　今天学校召开了表彰大会，今天是个值得长久记住的日子，又是令我们工贸学校人难忘的日子，无论受到表彰的先进集体与个人，还是作为普通的教师员工都深深地记得 2004 年我们走过的艰难与辉煌之路，马银生校长将它概括为四个方面：招生人数创历史新高、顺利地进行了中层干部调整、国家级重点中专申报成功、隆重圆满地举办了 40 年校庆。

　　回顾这四件大事的策划、谋划、实施和反馈的全过程，桩桩件件令人欢欣鼓舞、精神振奋。2005 年之初，马银生校长在新学期全体教职工大会上代表学校领导班子对 2005 年的主要工作和学校的未来蓝图进行了部署与憧憬，在讲话中他历数了学校 2005 年要办好的 6 个方面的大事，强调应发挥的 3 个方面的作用，使我们进一步明确了新乡工业贸易学校未来几年的奋斗目标：通过大家的努力，把学校办成实现了招生、就业良性循环，在豫北乃至中原地带有一定影响力并有强劲发展实力，具备高职办学良好基础的有相当规模的多层次中等专业人才的培养、培训学校与基地。我作为学校领导班子的一员和一名普通的教师，很想谈谈自己对"工贸精神"与"二次创业"的看法。

　　第一个方面，关于精神。关于精神，大家熟知的有雷锋精神、大寨精神、铁人精神，等等，可是我最欣赏也感受最深的是"百折不挠、自强不息、抢抓机遇、务实创新"的工贸精神。这种精神来自广大教职工的实践，现在又是我校"2005 大发展年"的指导思想和为各个方面工作增加动力的总加油站，我们创造这种精神，我们赞美这种精神，我们更应弘扬这种精神。我是一名政治课教师，课堂上我反复教导学生的有这样一句话：理想是人生航行的灯塔，精神是跨越难关的动力。在今天中等职业学校的发展氛围中，我校鼓足干劲，力争上游，实现了现实理想与当前目标，由此赢得了业内同行及上级主管部门的刮目相看并一致予以高度评价。40年的隆重校庆和今天的表彰大会，可以说是对我们昨天的总结与深思，对于新的工作目标的签订和2005年6件大事的谋划以及关于未来日渐明晰的学校中期规划的顺利进行，支持我们的必将是曾引领我们不断前行的工贸精神。在这种精神的感召下，工贸人勇敢地把"工作是幸福的，奉献是快乐的"这一口号响亮地喊出来并醒目地贴在墙上，时时激励，处处警示，让我们方方面面的工作跃上了一个新的台阶。财政拨款有了，招生人数多了，教职工的工作忙了，可是我们感觉到要做的事情还有许多许多。我们与学校连心连利、同心同德，将学校有限的积蓄投入"二次创业"的建设中，更难能可贵的是，不少人又将自己的多年积蓄拿出来帮助学校发展，充分体现了工贸人的主人翁姿态。马银生校长将这种姿态和在学校申报重点中专过程中图书资料筹集时大家的智慧与策略一并融入工贸精神，并赋予其在新形势下学校各个方面发展所需要的新内涵。根据客观条件的变化，我相信它必将得到更高的升华。医学上对病人有精神疗法，刘庄、耿庄的群众对史书记、耿瑞先有某种精神上的依恋，无论东西南北风，咬定发展不放松，老百姓富了，他们就信了，他们就跟你走。我们学校近15年来可圈可点之事不少，时间的推移和实践的进一步证明，给了我们许多启发，但留给我们最深记忆的无怪乎有两个，一个是思想不能滑坡，另一个是独创并弘扬的"工贸精神"。今天我参加的这个会议，除了见到亲身经历学校艰难发展的已退休老同志，还有不少校龄少于五年的新同志，我真诚地感谢你们对工贸学校的选择，坚信你们有忠诚党教育事业的火热情怀，期待你们早日胸戴红花站在领奖台上。三尺讲台、学生管理以及行政后勤服务等诸多岗位需要你们将无形知识化为有形的价值，盼望着你们体味工贸精神，感受工贸精神，传承乃至创新工贸精神，振奋精神，昂扬精神，并期待着你们创造新的辉煌，到那时最热烈的掌声同样会送给你们——工贸学校的未来和新一代!

第二个方面,关于有为。我个人认为有为才能有威,有威才能有位,有位才能干事创业。大家都清楚一句老话:"书山有路勤为径。"一切成绩的取得也都离不开勤奋,没有昨日的勤奋,哪来今天的业绩,一个人是这样,一个单位的发展也如此。我们在学生时代勤学刻苦使我们得以在高一级学校深造并掌握奉献社会、实现人生价值的才能;今天网络信息时代又对我们提出了新的挑战,终身学习将实实在在地落在我们的行动中。若躺在财政拨款的美梦中,则学校会一天天的"苗条",不断吹响前进的号角方显英雄本色。现在在新乡牧野大地上,工贸学校美名远扬,在供销系统内外,我们扬眉吐气。举一个小例子,我校参加大学生人才招聘会的感觉就大不一样,看新乡教育电视台对河南师范大学人才会的报道,工贸学校的招聘大旗下也照样是人头攒动。这样的荣耀,我相信更多的同志在更多的方面都有较深的体会。原因只有一个,那就是大家精神饱满、投入地爱学校,勤奋敬业,学校有了大发展,学校在社会上有地位,个人的价值才得到了充分展示。2004 年学校对中层干部进行了调整和充实,学校各个方面的工作都在呈现出勃勃生机的景象。老气横秋、思维落后、萎靡不振、消极颓废的言行没有了市场,学校党委的核心作用、共产党员的先进性作用、干部职工的主人翁作用处处将工贸精神的鲜花绽放在化工路 14 号的每一寸土地上。马银生校长曾高兴地与来访的社会各界友好人士赞扬新乡的这种特殊现象。他说:"新乡学校的先进不是说哪一个人先进,而是说从领导到职工甚至临时工各个层面、各个部室(处)群体都先进,新乡市委组织部形容新乡政治天空群星闪耀,我要说工贸学校人人争先,个个创优,一项荣誉给谁似乎都合适,表彰大会实际上变成了'先进代表'的表彰大会和下一阶段新任务的誓师大会。"我想大家对此记忆犹新。今天,我感觉到似乎新一轮竞赛大家又同聚在了一个起跑线上,在这场赛跑中,我猜想没有输者,因为科技信息楼彻夜运转机器的轰鸣声、招生就业人员马不停蹄的脚步声、广大教师在信息高速公路上驰骋的键盘的敲打声、兢兢业业的学生管理一线人员和 24 小时辛苦值班的班主任老师巡视公寓楼不停的提醒及带领学生跑操的响亮的口号声，等等，哪一个不是一曲美妙的交响乐呢！我与大家有充分的理由相信，有省供销社的正确领导下，在马银生校长的精心指挥下，有工贸人的团结拼搏，2005 年学校在发展道路上一定会凯歌高奏，捷报频传。

（2005 年秋季开学之时）

在务实重干中解读"敦品励学"
与"工贸精神"

隆重、激情、热烈的四十年校庆（2004年10月）活动结束了，但令人难忘的是乌云其木格副委员长为我校的题词：敦品励学，任重道远。她的题词是站在贯彻党的十六大精神，全面落实党的教育方针，确保党的事业后继有人和社会主义事业兴旺发达的战略高度，站在全面建设小康社会的实际，对大中专学生以思想道德建设为基础，以培养德智体美全面发展的社会主义合格建设者和接班人为目标的高度，在深入进行素质教育，促进学生思想道德素质、科学文化素质和健康素质协调发展的科学发展观，坚持以人为本、执政为民的高度，向我们教育工作者提出更高、更具体的要求。只要我们深刻领会，身体力行，继续弘扬"工贸精神"，就一定会使我校的职业教育有更大的发展。

一、敦品励学

"敦品励学"这四个字内涵丰富，意义深远，为我们常讲的"品学兼优"的办学方向和实现目标做出了更为精细的阐发。"敦品"：敦者，厚道，诚恳也。"品"：品行、品德、思想道德。党的十六大指出，要切实加强思想道德建设，依法治国和以德治国相辅相成，要建立与社会主义市场经济相适应，与社会主义法律规范相协调，与中华民族传统道德相承接的社会思想道德体系。我们党各个时期的领导人都一贯重视青年的思想道德建设。前年公布了《爱国主义教育实施纲要》和《公民道德建设实施纲要》，自十三届四中全会以来，第三代中央集体坚持"两手抓，两手都要硬"的战略方针，采取一系列重大措施，全面推进社会主义精神文明建设。以胡锦涛为总书记的党中央，从全面建设小康社会的战略高度，对新世纪新阶段进一步加强青年学生思想道德建设提出了明确的要求，做出了新的重要部署。2004 年 2 月 26 日中共中央国务院《关于进一步加强和改进未成年人思想道德建设若干意见》可谓新世纪新阶段搞好青年思想道德建设的纲领性文件，具有科学的理论性、鲜明的时代性和极强的针对性。该意见指出："腐朽落后文化和有害信息也通过网络传播，腐蚀未成年人的心灵"，这也完全符合我校学生的情况，学生中违纪现象，甚至违法行为时有发生，应当高度重视。继 8 号文件后，5 月 10 日中央政治局又召开了全国加强和改进未成年人思想道德建设工作会议，李长春主持会议，胡锦涛总书记做了重要讲话。会议确定各级党委、政府齐抓共管，文明委牵头，有关单位逐项分解，明确责任，定期汇报，定期检查。之后，中央综治委做出了关于深化预防青少年违法犯罪工作的意见，发出了校园周边治安的规定，公安部整顿了互联网，国家新闻出版广电总局做出了荧屏净化的措施。今年 10 月 15 日，中共中央、国务院又做出了《关于进一步加强和改进大学生思想道德教育的意见》的决定。所有这些措施和决定对于大力培育中国特色社会主义事业建设者和接班人，保证我们党和国家千秋万代永不变色，实现中华民族的伟大复兴，具有深远的现实意义和战略意义。乌云其木格副委员长的题词完全体现中央的精神。对"品"的达到过程，她提出要"敦品"，即诚恳地进行品德建设，这是一个问题，教育工作者要有热心、诚心、信心、决心，要注重方法，善于引导，循循善诱，而不是强加于人。当前，我们的中专生德育工作应当突出坚持教书与育人相结合，坚持教育与自我教育相结合，坚持政治理论教育与社会实践相结合，坚持解决思想问题与解决实际问题相结合，坚持教育与管理相结合，坚持继承优良传统与改进创新相结合，总之，要切实把对学生的思想道德教育工作提高到一个新水平。

"励学"：勉励、激励学生学习专业知识，要励精图治。教师要刻苦，要自强不息，奋发图强，引导学生勤于学习，善于创造，甘于奉献，解放思想，实事求是，与时俱进，努力把学生培养成有理想、有道德、有文化、有纪律的社会主义新人。要励还要精，"业精于勤，荒于嬉"已成为世人皆知的真理。"励"就要磨砺，磨炼，《颜氏家训·勉学》曰："有志尚者，遂能磨砺，以就素业。"古诗中"宝剑锋从磨砺出，梅花香自苦寒来""好磨铁马金戈气，警洗泥犁黑狱尘"就是这个意思。从此意义上讲，磨难又是人生的宝贵财富，学生在青年时期经受一些挫折教育、磨难教育，对他们树立正确的世界观、人生观、价值观，养成高尚的思想品质和良好的道德情操是大有益处的。乌云其木格副委员长把"敦"与"品"写在一起，把"励"与"学"写在一起，组成一个联句，鲜明地指出"品就学成"的方法途径和新时代对"品学"的永恒价值取向，体现了"敦品"与"励学"内在的统一，给人们以新鲜易懂的感觉，让我们回味无穷。

二、工贸精神

新乡工业贸易学校经历了四十年的风雨历程，忆往昔，岁月峥嵘。我们学校的前身是1964年建立的新乡地区财贸干校，隶属于新乡地区财委。学校曾为新乡、安阳两地区培养了大批财贸干部，有力地支持了当时的社会主义革命和建设。1966年"文化大革命"开始后，学校受到冲击，被迫停办，于1975年恢复重建。学校于1984年经河南省人民政府批准正式改制为普通中专学校，名为新乡地区供销学校，由省、市两级共管。在以后的发展中河南省供销社投入了大量资金，为学校的发展奠定了基础。后来学校的管理体制和经费供应渠道虽然经历了艰难曲折，但每次变化都为学校的发展注入了新的活力。全校教职工最难忘记的是1993年，学校没有了经费拨款，仅仅靠微薄的学费收入自收自支。停拨经费对很多学校来讲，就意味着死亡，但我们学校的教职工并没有被一时的困难所吓倒，而是更紧紧地团结在学校这杆大旗下，自强不息，百折不挠。经费紧张，工资发不下来，大家坚持上班；学校购买计算机缺乏资金，教职工拿出家中仅有的积蓄；招生没有补助费，大家照样积极性很高。正是停拨经费才使我们学校较早地受到市场经济的洗礼，经受住了锻炼；正是停拨经费才使我们学校打造出了"百折不挠，自强不息，抢抓机遇，务实创新"的工贸精神。

2000年10月，学校跨入省、部级重点中专行列，从此掀开了学校发展史上新的一页。一是"一体两翼"的办学层次使学校的招生数量连创新高，2001年招生800人，2002年960人，2003年1100人，2004年1450人，若不是受到学校容量的限制，2004年的招生会更多。二是"三项技能"形成了独有的办学特色。三项技能即我们的毕业生人人会开汽车、人人会讲英语、人人会操作微机。三是建立海员基地，开辟了"订单培养"的新模式。在新乡市海员局的支持下，我们与南京江苏海事职业技术学院联办了"2+3"高级海员班，海员班的文化课由我们负责，学生毕业后由新乡市海员局负责安置就业。四是工考培训硕果累累。工考培训是我们在抓好正规教育教学的同时充分利用学校资源开展的短期培训。连续三年，教职工暑假都没有休息，我们的口号是"暑假不休息，重点抓培训"。三年来学校共为社会培训各类人才21000多人。联想我们40年的教学实践，积极探索市场经济条件下职业教育的发展规律，牢记党的教育方针，求真务实，干事创业，充分领会乌云其木格副委员长的题词内涵，展望美好的未来，职业教育确实是任重道远。

三、务实重干

我们的学校是一所中等职业学校，自1997年招生并轨以来，学校的各项工作特别是招生就业情况较之前大有变化。近期，教育部颁布实施了"中等职业学校德育大纲"，明确提出了德育工作的四项目标：学生热爱祖国，拥护党的领导和党的基本路线，确立坚持中国特色社会主义事业的理想信念，具有为人民服务、奉献社会的使命感和责任感；逐步树立正确的世界观、人生观、价值观，养成科学的思想方法；自觉地遵纪守法，依法维护自身权益，具有良好的道德品质和健康的心理素质；热爱专业，勤奋学习，勇于创造，大胆实践，具有良好的职业习惯和安全意识、质量意识、效率意识、环境意识。结合我校的实际,我们努力适应市场经济办学条件,在敦"品"与励"学"方面注重实干,信奉"只要开始,永不为晚"的原则。

具体做法如下。

首先,狠抓素质教育,营造育人氛围。从明确学习目的、端正学习态度入手,学校抓紧"入学教育"这一堂课,实际地讲出中专生走进校门的目的与意义,精细地开展专业思想教育、专业目标教育、专业技能要求,花大力气编印《学生技能手册》《学生操行手册》,并举行各种形式的学习教育活动。针对中专生的特点,学校狠抓素质教育,突出学生的非智力因素开发,适度张扬学生的个性,多渠道创造学生成才的条件,让更多的学生体会成才、成功的感受,让自信将中专生的头颅高高抬起。根据"与时俱进,继承和创新的原则",我们举办了大量的贴近生活、贴近实际、贴近学生的育人活动。如营造育人氛围,组建学生喜闻乐见、积极参与的各类社团;举办可以使学生热情高涨、充满兴趣的专题讲座;开办格调高雅、陶冶情操的文体活动;走出校园,让学生拓宽视野,感受改革开放的社会主义新面貌;参观军史馆,瞻仰革命烈士,回忆艰苦岁月,把握珍视今天,激励学生立志建设祖国,为振兴中华而奋斗。

其次,开展广泛而深入的"针砭现状,查漏补缺,求真务实,扎实工作"的系列活动。以2004年教育教学工作座谈会为契机,学校通过召集相关部门负责人会议,经过深入调查研究,提出当前中专学校发展过程中的三个课题:"如何处理好毕业生质量、优质就业和学校利益三者之间的关系""如何改变观念,大胆改革教材、教法""怎样全方位培养学生的良好习惯和素养,打造工贸学校毕业生品牌",并认真开展讨论。与会人员本着对学校和学生高度负责的精神,各抒己见,畅所欲言,为学校的长远发展提出了诸多建议与对策。在此基础上,由校团委、学生工作部、教学工作部三家联合行文《关于全面贯彻学校'四项教育'计划的实施意见》,号召全校师生,提高认识,认清形势,通过观看未成年人思想道德建设演讲和学习《细节决定成败》读本，将学习与讨论相结合，并组成领导小组，制定学习考核方法，有效地推动"安全教育、文明教育、诚信教育、吃苦教育"的深入开展。在活动中，充分发挥党员、团员的模范带头作用，强调学生干部、入党积极分子的骨干示范作用，广大教职工率先垂范，身体力行，这一切必将对学生的健康成长和品德修养起到积极的推动作用。

再次，重新审视"学"的内容，准确定位人才的标准。一切从实际出发是做工作办事情的前提。新时期中专生的培养教育教学要重新思考才能符合实际。教材是否适应，教师的教法是否合适，教学目标是否需要修订，理论与实践课的比例是否恰当，就业是否对口，学生适应社会、动手能力是否增强，等等，都是在"学"的问题方面应做的文章。但说到底"学"的问题关键在"教"，如何教，才能要求"怎样学"。因此，对教师的培训与全面要求是中专学校的发展瓶颈。认识到这一点，我们一要做到心态好，平视每一位走进中专校门的学生；二要加大校本研究的力度，力争用最短的时间找到最好的、适合自己的；三要增加实训、实习与社会实践活动，这是强化职业技能，提高其综合素质和综合职业能力的重要环节。

最后，重修评价学生的标准体系，逐渐形成良性有效的新的励学机制。（此略，另文详述）

当然，诚如乌云其木格副委员长所讲，"敦品励学，任重道远"，我们的认识与实践仅限于中等职业学校，挂一漏万，尚属一孔之见，唯愿更多的教育同行、专家学者、志士仁人勠力同心，积极探索与实践，并认真贯彻落实。

（2004 年 12 月）

解析中国特色的职业教育

中国特色的职业教育一如中国特色的社会主义，其建设之路并非坦途，然而前途是光明的。邓小平"中特"理论的提出与实践为马克思列宁主义、毛泽东思想的发展开辟了新的道路，使中国的改革开放取得了非凡的成就，教育领域中的职业教育在中国的大环境中欲走出一条新路，也非"中国特色"而莫为。在今年的全国职业教育工作会议上，温家宝总理提出的"发展有中国特色的职业教育"的观点的确可圈可点。我们虽然以前没有这种提法，但感觉似曾相识，因为我们高举的旗帜上已有了鲜明响亮的答案：理论必须与时俱进。实践第一的观点是马克思主义认识论的重要的基本观点。

一、从"两个著名的哲学原理"谈起，说明"中特职教理论"的思想基础

马克思主义哲学告诉我们，矛盾规律是唯物辩证法的核心，是三大规律中最重要的规律。在矛盾规律中阐明了矛盾的共性与个性的辩证关系，即共性存在于个性之中，并通过个性表现出来，同时，个性也离不开共性，不包含共性的个性也是不存在的。矛盾的共性与个性在一定的条件下可以相互转化。这个原理是"走自己的路，建设有中国特色社会主义"重要论断的理论基础，今天，温家宝总理提出的"中特职教理论"可以说是这一原理的又一具体应用，认真践行也必将产生它神奇的功效，这是其一。其二是马克思主义认识论上的一个重要的观点，即理论和实践的辩证关系，这个原理告诉我们四句话，即实践是理论的来源，实践是理论发展的动力，实践是检验理论正确与否的唯一标准，实

践是理论的目的和归宿。可以归纳成一句话，即实践决定理论。然而在此我强调的是实践对深化理论或曰理论发展的动力这个分要点。恩格斯说过一句话，大体是这样的："社会上一旦有某种技术上的需要，则这种需要会比十所大学更有力地把科学推向前进。"这也是上述分要点的含义。

对于以上两个著名的哲学原理，绝大多数中层管理干部都耳熟能详。今天我重申意在加深对"中特职教理论"提出背景的认识。理论认识提高了，行动上就会自觉，对我校下一步各方面工作的思考也就会积极，探索中职改革的步伐就会加快，学校的事业就会蒸蒸日上。

下面我引用上海教科院职业教育与成人教育研究所所长马树超的观点对"中特职教理论"提出的时代背景进行分析。

观点一：发展中国特色的职业教育，是从我国经济社会发展对职业教育的需求出发，学习世界各国职业教育发展的基本经验，充分考虑我国国情的重要战略选择，是对职业教育认识的深化。试看我国当前的主要国情：今后五年既是我国全面建设小康社会，加快推进工业化、城市化、现代化的"关键时期"，也是经济和社会发展面临许多重大而艰巨的任务，战略机遇与矛盾凸显的"并存时期"。当前社会直接面临的问题诸如：社会劳动就业，贫富差异，城乡差异，工业化发展需要技能型人才与老百姓不愿意选择职业教育的矛盾，以及发达国家职业教育的经验在我国"水土不服"等。

观点二：过去依靠拼资源、拼规模、拼体力的粗放型的增长方式已走到尽头，经济增长方式转型已到达关键时期，新型工业化道路呼唤高技能人才和高素质的劳动者，呼唤加快发展职业教育。中国特色的职业教育就是与社会主义市场经济体制相适应，坚持政府主导，加强统筹管理的职业教育。从走新型工业化道路的需要考虑，应优先解决教育结构与技能型人才的矛盾，使职业教育成为教育发展的战略重点。

观点三：职业教育要做好"三个服务"。即职业教育要为农村转移劳动力服务，提高进城农民工的职业技能；要为建设社会主义的新农村服务，大范围培养农村实用型人才和技能型人才；要为提高劳动者的职业能力服务，提高他们的就业能力，工作能力，职业转换能力及创业能力。因为"十一五"期间，我国经济能够继续保持健康的发展态势，就必须继续推进城市化进程，继续保持农村劳动力的转移势头，农民工劳动就业的规模还将继续扩大。但农民工缺少技能，进城务工的就业岗位很不稳定，造成城镇低技能劳动力失业率的上升，成为社会不稳定的重要潜在因素。这也是我国的国情现状。国家安排财政经费资助贫困家庭学生接受职业教育，这一政策使老百姓得到许多实惠，充分体现职业教育的职业性、社会性、人民性的特征，体现财政政策对机会均等和社会公平的关注。

观点四：中国特色的职业教育是与市场需求和劳动就业紧密结合，校企合作、工学结合的职业教育。在实践教学方面，一是政府加强职教实训基地建设，在重点专业领域建成 2000 个资源共享的职教实训基地，以弥补学生参加企业实训的不足；二是推行工学结合、校企合作的新模式，对中职学生提出最后一年到企业顶岗实习的要求；三是逐步建立和完善半工半读制度，开展试点，逐步推广。

观点五：中国特色的职业教育是政府主导，依靠企业，充分发挥行业作用，社会力量积极参与，公办民办职业学校共同发展，多渠道增加经费投入的职业教育。

职业教育突出的特征就是"培养成本高，而学生家庭收入层次低"。发达国家推进职业教育发展的经验，主要教育经费是由各级政府投入，例如法国政府为了支持职业高中发展，职业高中生人均财政经费是普通高中生的 3 倍左右。澳大利亚各级政府给技术与继续教育（TAFE）学院投入的经费占全部经费的比例是 70% 左右。作为发展中国家，我国人均 GDP 刚超过 1000 美元，教育经费投入总体不足是客观事实，财政经费难以承担职业教育规模扩张的需要。显然依据我国的国情直接套用发达国家经验是行不通的。

观点六：中国正在举办世界上规模最大的职业教育，我们必须走自己的路，解放思想，与时俱进，在实践中探索有中国特色的职业教育发展路子。中国的事情具有中国的特色，要具体问题具体分析，要在矛盾普遍性原理的指导下，具体地分析矛盾的特殊性，要坚持在实践中探索与追求，紧抓"十一五"这个我国经济社会发展的重要战略机遇期，坚持"以服务为宗旨，以就业为导向"的职业教育办学方针，积极构建我国职业教育发展的新模式。

二、中国特色的职业教育的目标和任务

职业教育具有鲜明的职业性、社会性、人民性。职业教育与其他教育相区别的重要特点是其职业性与行业、企业是紧密相连的。因此依靠行业、企业办职业教育也是职业教育发展壮大的一个重要途径。教育部副部长吴启迪谈道："我们非常鼓励企业或行业来办职业教育，天津、上海许多职业学校实际上是由企业在办，他们有一个优势，和企业直接挂钩，学生毕业以后很容易就业，而且企业需求很明确，要培养人才的目标也很明确。"温家宝总理在讲话中提到，我国职业教育的先驱黄炎培先生曾把职业教育的目的概括为："使无业者有业，有业者乐业。"职业教育应该是面向人人的教育，使更多的人能够找到适合自己学习和发展的空间，从而使教育事业关注人人成为可能。今后乃至更长的时间，国家还将安排财政经费资助贫困家庭学生接受职业教育，使老百姓得到更多的实惠，充分体现财政政策对机会均等和社会公平的关注，这也是职业教育的"职业性、人民性、社会性"特征的又一体现。

中国正在举行世界上规模最大的职业教育，要走自己的路，形成中国特色。大凡成功的职业教育模式的共同特点，就是与本国实际紧密结合，有效促进社会经济发展。

中国特色的职业教育凸显中国特色要做到四个"必须"，即必须服务于社会主义现代化建设，着力培养适应经济社会发展需要的高素质劳动者和技能型人才；必须满足城乡居民对职业教育的多样化需求，为他们就业、创业和成才创造条件；必须与社会主义市场经济体制相适应，实行政府主导、面向市场、多元办学的机制；必须与生产劳动和社会实践紧密结合，实行灵活多样的人才培养模式。通过不懈的努力，我国逐步形成完备的现代职业教育体系。

中国特色的职业教育的根本任务就是培养适应现代化建设需要的高技能专门人才和高素质劳动者。当前和今后一个时期，重点抓好三个方面：一、城市就业人员需要职业技能培训；二、高技能人才的培养；三、在岗人员的技术培训和继续学习。这三个方面涉及几亿人，是一项规模浩大的社会工程。《国务院关于大力发展职业教育的决定》中，明确提出了今后一段时期发展职业教育的主要任务和措施，总结起来有"三个四"，第一个"四"是今后五年要实施的"四大工程"，包括技能型人才培养工程、农村劳动力转移培训工程、农村实用人才培训工程、城市职工继续教育和再就业培训工程。第二个"四"是指"十一五"期间，国家有关部门已经做出安排，部署职业教育基础能力建设的"四个计划"，教育战线要下大力气实施好这四个重要的建设计划：一、实施好"职业教育实训基地建设计划"，重点建设好2000个职业教育实训基地；二、实施好"县级职教中心建设计划"，重点扶持建设1000个县级职教中心；三、实施好"职业教育示范性院校建设计划"，重点建设好高水平培养高素质技能型人才的1000所示范性中等职业学校和100所示范性高等职业院校；四、实施好"职业院校教师素质提高计划"，全面提升教师队伍整体素质。第三个"四"是各级教育行政部门和职业院校要抓好的"四项改革"，即推进职业教育办学思想转变，推动职业院校更好地面向社会、面向市场办学；强化职业院校学生实践能力和职业技能的培养，切实加强学生的生产实习和社会实践；大力推行工学结合、校企合作的人才培养模式，逐步建立和完善半工半读制度；充分利用城市和东部地区的优质职业教育资源和就业市场，进一步推进东西部之间、城乡之间的职业院校的联合招生、合作办学。

三、从几组数字中体味中国特色的职业教育

（一）关于调整教育结构，重点加强职业教育方面

1. "十一五"期间，要重点发展中等职业教育，使中等职业学校和普通高中的招生规模大体相当；在高等教育阶段，普通大学招生规模要相对稳定，重点发展高等职业院校，扩大高等职业教育招生规模，到2010年，使高等职业教育招生规模占高等教育招生规模的一半以上。

2. 一个新话题引出4个100万。教育部周济部长最近在接受央视《新闻会客厅》记者的提问时，谈到我们教育的主要任务是6个字——普及、发展、提高，就是要普及和巩固九年义务教育，大力发展职业教育，提高高等职业教育质量。在谈到大力发展职业教育时，他重点讲了发展中职的问题，讲了4个100万：一是2005年中职扩招的人数是100万；二是2005年没有就业的大学生人数是100万；三是广东省高级技工缺口是100万；四是北京市农民工的数量是100万。

（二）近年来职业教育发展的成就

1. 各类职业教育和招生有了长足的发展。2004年，全国共有中职学校1.45万所，当年招生566万人，在校生达1409万人；有高职高专院校1047所（其中职业技术学院872所），招生237万人，在校生597万人。2004年各类文化技术培训人数达6957万人次。

2. 培养了大量高素质的劳动者和技能型专门人才。改革开放20年，各级各类职业学校向社会输送了6000多万名毕业生，为城乡劳动者提供不同形式的职业教育和培训，人数达14亿人次。

3. 职业教育体制改革取得了重大进展，初步形成了以政府办学为主，社会力量参与的职业教育办学格局，建立了以地方统筹为主，条块结合的管理体制，完善了与社会主义市场经济体制相适应的职业学校招生和毕业生就业制度。

4. 职业教育的法制建设取得历史性成就。1996年5月，《中华人民

共和国职业教育法》颁布，对职业教育在国民经济和社会发展以及国民教育体系中的地位和作用，对中国职业教育的体系结构、办学职责、管理体制等都做出了明确规定。

5. 职业院校正在探索一条以服务为宗旨，以就业为导向的发展职业教育的新路子。职业院校坚持面向社会、面向市场办学，进一步密切了职业教育与经济社会的联系，加强了与行业企业的合作，深化了教育教学改革，真正起到了经济社会发展助推器的作用。

（三）"十一五"期间若干质量效益目标

"十一五"期间，学校将为社会输送2500多万名中等职业学校毕业生，1100多万名高等职业院校毕业生。各种形式的职业培训进一步发展，每年培训城乡劳动者上亿人次，使我国劳动者的素质得到明显提高，职业教育的办学条件普遍改善，师资队伍建设明显加强，质量效益明显提高。

（四）加大公共财政对职业教育的投入

国务院已经决定，"十一五"期间中央财政对职业教育投入100亿元，重点用于支持职业教育实训基地建设，充实教学设备，资助贫困家庭学生接受职业教育。地方政府也要增加对职业教育的投入，加强职业教育基础能力建设，要建立和完善职业教育学生助学制度，使贫困家庭学生通过国家帮助和本人勤工俭学得以顺利完成学业，进一步体现社会主义教育公平与公正。

（五）一个让人惊讶的就业数字

2003年，职业学校毕业生的就业率是95.3%，2004年是95.4%，而2004年和2005年大学毕业生的第一次签约率是70%。

（六）发达国家的经验和1：1的启示

世界首富的国家是瑞士，无数大学特别优秀，然而发现他们国家最重视的仍是职业教育，德国、奥地利的职业教育的地位也非常高。现在，全国唯一一个真正能够做到中等职业学校和普通高中招生1∶1的省是浙江省，真正做到中等职业教育的招生超过普通高中招生的一个地区是苏南地区。按我国的传统观念，这些农民已经很富了，他们肯定送孩子去上大学。然而事实不是这样，只要职业学校的就业前景很好，孩子也能够做出他的贡献，他就能走这条路。同时，随着经济的发展，劳动者的地位会越来越高，他们的作用会越来越大，这对于我们建立一个社会主义的和谐社会也有着深层次的意义。

（七）特别推介河南省中职教育的发展概况

改革开放以来，特别是近年来，河南职业教育事业取得飞速发展。全省职业教育在经历了恢复起步阶段、加速发展阶段、依法推进阶段、调整改革阶段之后已经进入了巩固提高阶段。经过最近几年的探索，河南省理出了"狠抓就业、招生两个关键环节，积极推进体制创新，实现农村职教规模发展、城市职业学校质量提高两个突破"的发展思路。截至目前，全省有中职学校947所，其中普通中专123所，成人中专223所，职业中专（职业高中）434所，技工学校167所。全省有全日制在校生110万人，建成了10所示范性窗口学校，104所国家级重点职业学校，109所省级重点职业学校。河南省在职业教育就业指导、集团化办学等方面走在了全国的前列。

四、实践第一，特色鲜明，职教明星耀中原

（一）教育集团化出现的职业教育的新亮点

河南省教育厅在2000年年初，为打破职业学校分散办学、校均规模小、办学特色不够明显的现状，探索纵向贯通、横向联合的规模化、集约化的新型办学模式，实现职业教育的跨越式发展，河南省借鉴现代企业的发展理念，按照"市场运作、龙头带动、城乡联姻、校企结合"的理念，以国家级重点中职校或高职校为龙头，以骨干特色专业为纽带，吸纳开设相同专业的学校、行业协会、企业和科研单位等参与，组

建了农业、公路交通、信息技术、财经等9个省级职教集团，有效地巩固了校企合作的关系，积极探索了校企合作的新路子，促进了人才培养和企业岗位的无缝对接。

例一，上海大众汽车聚龙服务站经理成军强表达了众多企业的心声。他说："利益是企业行为的最终导向，加入职业教育集团后，我们反复算过账，怎么算都不吃亏。一句话，我们不愿意被排除在职教集团之外。"

例二，河南省信息工程学校领导介绍，自从省教育厅把其学校作为龙头单位组建了信息技术职业教育集团后，学校就在2004年年初开始与集团内的农村职业学校联合办学，设立分校。学校现在已在西平县职业中专、新县职业高中、邓州市成人中专等学校开设了10所分校，培养模式为"1＋1＋1"，即分校学生在农村职校上完一年的基础课程，再来学校进行一年的专业课程学习，并由学校负责安排第三年的毕业实习与就业。据王书记介绍，他们以后分校的年招生规模在500人左右。

（二）实践中教出"管用"的学生

2005年河南省的技能竞赛年活动也是河南省为加强中职生技能、引导中职生突出职业教育特色、加强实践性教育环节的一个"金点子"。据统计，在技能年活动中全省有多达3000个代表队，10000多名选手参加了预赛。竞赛还旨在推进"双证书"制度，不少竞赛如数控竞赛，计算机调试的选手还可以获得相应的职业资格或技能等级证书。开展此项活动只是促进职校生自身技能的一个载体，一所学校的计算机教研室的主任这样谈道："要培养市场急需的一线工人，在学制设置、专业设置、课程设置上都要'踩着市场的鼓点'，实现人才的专门化和技能的细化。"据对在IT行业工作的计算机专业毕业生进行的跟踪调查显示，学生大多是"万金油"，干得精、干得出色的少。学校在经过大量分析、调研的基础上，把原因归结为专业设置太大，学生每种技能都学会了点，但都学不精。于是学校与企业合作开设了思科网络班、神州数码班、文秘速录班，班里的学生以取得这些公司的网络工程师或速录师认证为学习目的。毕业时，这些资格证书就是学生们的金字招牌，甚至比学历证书还要值钱。学校从 2000 年开始，开设计算机实验班，尝试教学模式的改革，将机房、实验室和教室融为一体，在计算机上完成所有的教学任务。

周口海燕职业中专学校先后与北京松下电器公司、广东美的空调公司等 50 家明星企业建立了"联姻"关系，为企业订单培养毕业生 2136名。河南旅游职教集团与多家省内外企业合作，推广学习—顶岗实习—再学习的"三明治"教学模式，既让学生得到了实践锻炼，为学生返校后有针对性的学习奠定了基础，又通过顶岗实习发放报酬接济了学生的学习和生活。此举曾受到前来视察的国务委员陈至立、教育部长周济的好评。

（三）德育成为中职教育腾飞的翅膀

"高素质劳动者不仅需要有过硬的技术本领，还需要有良好的道德素养，中专学校只有培养更多的'品德＋技能'的人才，才能更好地服务地方经济建设。"三门峡市教育局副局长、三门峡中专党委书记白爱学这样认为。近年来，他们针对学生的实际情况，潜心研究，以"党委—党支部—教师—学生""学生处—学生会—学生""团委—团支部—团员"等三条主线，构建了较为完善的德育网络，坚持以生存教育、养成教育、理想信念教育及就业教育为主要内容，统揽学校德育工作全局，并力求这四项内容环环相扣，相辅相成地促进学生道德素养提高，取得了良好的效果。

（四）要发展，就要推出自己的品牌

河南省经济管理学校校长李显杰这样谈到，独特的校园文化是他们学校的特色品牌。为达到良好的教育目标，大力开发校本德育教材，让教师在学习之余对学生进行集中教育，要求背诵，定期检查；要求学生以假期作业的形式，帮父母做家务，从而将德育教育落到实处；在校园

的各个角落，斥巨资总体布局规划，悬挂德育标语，购进德育牌匾，购置各种文化宣传品，先后培养形成了教室文化、绿地文化、垃圾文化、宿舍文化和食堂文化等。

（五）要念好市场经

郑州电子信息职业技术学院（民办）院长陈卿说，职业教育是与市场联系最紧密的教育，是面向市场的就业教育。而所谓的就业教育，就是要心里想着市场，办学方向瞄准市场，眼睛盯着市场，手里抓着市场，步子要跟着市场，开设专业要适应市场，培养人才要服务市场，一切围绕市场转，把握市场天地宽。

他们大胆改革教材，使学生理论够用，实践为重，以人为本，创新科技，全面发展。学生人人有三套教材，一套是国家编的，一套是省编的，一套是自编的。课堂上教师把统编教材和自编教材相结合，据市场需求灵活调整课时和内容，比如增加了统编教材涉及较少的移动通信视频技术、Flash 动画制作等实用技术。教学中，教师把电视、冰箱、空调搬进教室，边讲理论边演示，学生也跟着在工作台上实践。

本人所述关于对中国特色的职业教育的解析仅限于全国职教工作会议召开以来的文件和报道，通过自己的加工整理归纳而成。我认为中国特色的职业教育目前应该具有以下六层要义：①中国特色的职业教育是与社会主义市场经济相适应的政府主导的具有重大战略意义的国民教育体系；②中国特色的职业教育是就业教育非单一的学历教育；③中国特色的职业教育是面向人人的教育非精英教育；④中国特色的职业教育是技能教育非理论教育或按比例教育；⑤中国特色的职业教育是高素质的劳动者的教育非干部教育；⑥中国特色的职业教育是注重德育和综合素质提高的教育非简单岗前培训教育。

（2006 年 6 月）

关于中专政治课的设置与思考

伴随着职业教育的改革，在中专从事政治课教学的同行和教学管理者都普遍感到了一种压力，我们不得不重新思考自己领域里的教学内容和教学方法，对培养的目标和培养的手段进行深入而理性的探讨。我们不禁要问自己三个方面的问题：第一，政治课必不可少，但是是否一点内容都不能少呢？第二，政治课在中专课程设置中的地位和意义是什么呢？第三，为适应当前职业教育改革的需要，政治课如何激发活力，如何为培养合格加特长的人才服务？

一、适应"2 + 1"办学模式的改革，政治课的内容必须减少

关于为什么要实行"2 + 1"模式，我不再赘述。既然要减少在校时间，相关课程和课程的内容就都要减少。不少学校都在"摸着石头过河"，我们也积极地进行思考。首先应确立的观点是政治课不能减，可以减的是政治课的内容，要在有限的时间和课时内完成对政治课的改革。综合考虑各个方面的因素，我们的意见是变三本书为两本书和一本小册子。两本书分别为《经济与政治常识》《哲学与就业指导》，小册子为《"三理"教育读本》（对学生进行心理、伦理和生理知识的教育）。原因有三。一是延续原有的政治课的基本思路，还要讲好原有的基本内容。二是要增减原有课程的相关内容，如《经济与政治常识》中的政治部分基本不动，但要紧密结合当前的形势，增添新的为大家所熟知的重要内容，建议增加适量的时事政治内容，以拉近学生与现实社会的距离。对于经济部分，原则上不动；对于《哲学与就业指导》，变动的幅度比较大，建议将原先《哲学基础知识》教材中的后三章内容

去掉，加上《职业道德与职业指导》教材中的相关职业、就业指导方面的内容。特别提醒的是要用马克思主义哲学中唯物论和辩证法的原理分析、解释职业、就业中遇到的基本问题，要用心将两者很好地结合。三是用《"三理"教育读本》的小册子补充原先减少的政治课内容的不足，让学生在实习岗位上自学，以加强学生在实习岗位的管理。

二、充分认识政治课的地位和对培养合格加特长应用型人才的意义

中专的政治课一直以来都是各级教育部门强调必须开设的课程，大力发展职业教育，是要强调职业教育在整个国民教育体系中的地位和作用，是要把职业教育办得更好。对学生开展思想政治教育与大力发展职业教育是一致的。我们在职业教育的春天里，只能解放思想，与时俱进，多想办法在职业教育这一块把学生的思想政治教育工作做好，不能有丝毫的懈怠。当然，随着职业教育形势的变化，职业教育的生源质量良莠不齐，职业教育的学制也在发生着明显的变化，这正是今天我们思考中专政治课改革的基础和出发点。据职业教育专家对职业教育的权威理解：职业教育就是就业教育，是技能教育，是面向人人的教育；职业教育是政府主导的国民教育体系的一个重要组成部分，职业教育是培养合格加特长的应用型的现代化的劳动人才。因此，对当前的职业教育，我们中专学校的政治课教师普遍感到任重道远。当前，对中专课程的理解，重要的应该是素质教育模块和技能教育模块。我们的政治课当属于前者。有专家称，对于职业学校的培养目标，培养一个健全的人比提升技能更重要。政治课在这个方面的作用不容低估。所以，对以上我们的建议，职业学校的学生在校的两年四个学期，均要上政治课，每周保证两个课时，加上一些必要的课外活动和结合学校团委的工作以及班主任的管理，基本上能保证思想政治工作的需要。我们知道尽管课时总量较前有所减少，教学内容有所删除和调整，学习的方式也有一些变化，但质量不会有太大影响，只要我们认识到位、操作良好，效果一定不错。我们通过与大量企业厂

长、经理交谈，也深深感觉到，培养什么样的人是当前职业教育应解决的首要问题，当然技能问题固然谁也替代不了，这也正是正规的职业教育与简单的农民工转移培训的区别。难怪企业的人事部门负责人对中专学校的毕业生情有独钟，对名牌学校的毕业生来者不拒。一个外企老板到上海一所知名大学要共产党员（学生）但不问专业的例子应引起我们搞职业教育政治课教学的同行的关注。

三、多媒体上课，用学生喜闻乐见的形式占领思想政治教育的主阵地

我们每一个人从孩提时期都很反感空洞的政治说教，但对于推心置腹的谈话，深入浅出的讲解，平等友好的交流，换位思考的运用，我们都很乐意接受。特别值得一提的是，政治课的教师首先要严于律己，身正示范，以良好的形象博得学生的好感，让学生觉得老师能够做到他们说的，且能够做好。有道是"亲其师，信其道"，我们每一个政治课教师都要努力提高自己的综合素质，做一个学生喜欢的人，这样，学生才能在我们的课堂上坐得住，才能听我们"释疑、解惑"，这是其一。其二，教学的现代化手段的运用也是活跃课堂、增强政治课吸引力的有效手段。我们曾经尝试过在政治课堂上使用大屏幕教学，使用录音机、电视机辅助，走出课堂实践教育，讨论、阅读、演讲以及聘请专家上课等方法，效果非常好。最近，我们还有一个新的想法，准备设立自己的网页，在线答疑，在线沟通，逐步占领互联网的阵地，在学生经常出现的时间和空间尽可能多地与学生接触，并做好学生"随身"的好朋友。只要学生需要，就觉得你在身边，我想效果肯定差不了。其三，要树正气，立标兵，让身边的榜样激励学生向前看。以往，我们过多地使用熟知的例子对学生进行滔滔不绝的教育，或叫灌输，实际上往往是事倍功半。今天我们反思我们的做法，认识到不是我们做错了，而是我们的教育对象发生了较大的变化，他们是新生的一代独生子女，外界环境对他们的影响太大了，他们也都很实际，很现代，很新潮。因此我们的思想政治工作就不能因循守旧，要突破，善创新。我们提出就在他们身边找好的典型的方法，让活的典型说话，尽管典型不完美，但只要典型是真实的，是可信的，学生就认可，我们的教育目的就容易达到。

（2006 年 11 月 11 日）

绿叶对根的深情

我很少参加毕业学生的聚会，主要原因是我怕喝酒。但我每每听到毕业班级学生聚会的消息时，总是愿意仔细聆听并问东问西。2017年8月，94财会班聚会则不同，因为聚会的地点选择在了学校，我又对这个班级学生不陌生，还是当任的教学副校长，不参加说不过去，也认真准备了一下，与同学们敞开心扉，互叙友情，很是惬意，也很有纪念意义。记录于此，志以不忘，且旌后生。

我有三重心情参加这个班级同学的聚会。一是这个班是我校举办财会专业的首开班级，如今你们离开学校整整20年了，我迫切想知道你们过得还好吗。二是94级毕业时我是教务科长，今天以教学校长的身份参加，现在学校还有三个年级近500名学生（财会）在校，我十分关注这个专业的建设与发展。就在前两天，我与财经管理教研室（前财会教研室）张韬、李志涛主任还在商谈如何让我们学校财会专业的技能教学在河南省一流的基础上走向全国。三是你们的班主任贾光富老师是个"聪明人"，他了解到7月8号94文秘班曾在这里团聚，其中有我的"参与谋划"，所以专门两次找到我，邀请我参加。谁的孩子谁不爱？与同学们见面，不来就"太离谱"了，来了，倒在情理之中。试想，谁的孩子回家能不受待见呢？

我听了同学的"汇报"，诸多感慨，集中起来汇聚成三点。一是时间真快。弹指一挥间，恍如昨日。曾经的蘑菇亭上留有你们的欢声笑语，现在的白杨树依然记得你们深夜苦读的身影。二是年轻真好。你们的年龄大多是在而立之年后、不惑之年前，在教师眼里，你们永远是孩子，你们充满朝气与希望，你们拥有梦想与远方。三是参加这样的聚会我是真心。好多场合可以逢场作戏，好多讲话可以言不由衷，今天，与94财一班同学在一起，如同当年朝夕相处一千个日日夜夜，一家人不说两家话，一家人更是一条心，师生互道祝福发自肺腑，人生之路，关键处步步回眸，期许互助。

最后，我仍然禁不住想以老师的身份给同学们唠叨三句话，与大家共勉。第一，"饮其流者怀其源，学其成时念吾师"，母校永远是你们的根，"敦品励学"的校训是你我一辈子的修行。第二，有梦想，谁都了不起，有勇气就会产生奇迹。漫步如今的校园，四纵四横八条路，其中毛遂大道、文华路、采阳路都是有故事的，你们是从这个文化强校走出来的文化人，一定要体会针对文化内涵的四条解释，不负青春年华与美好的时代。第三，认清方向，不忘初心。坚定走好人生的每一步，步步都算数。常有人讲，人生没有彩排，每一天都是现场直播。同学们，别在乎风吹雨打，在不惑人生的好年华，大胆向前。超越失败，就是人生的强者；积累成功，以增加生命的厚度。

孔子的学生子夏对老师的评价为："君子有三变：望之俨然，即之也温，听其言也厉。"唯愿我们师生共勉。让我们日行一善，日感一恩，日思一过，不断"修齐治平"，践行核心价值观，成为国家、社会、家庭的有价值之人。

时光可以带走青春年华，可以冲淡人生的悲欢离合，却带不走校友们对母校的无比眷恋，校友们对老师的无限感激，以及同学们之间的深情厚谊。

（2017 年 8 月）

感恩的人最幸福

近日，美国《华盛顿邮报》评出了人间十大奢侈品，在大多数人的惯性思维下，猜想的答案十有八九是错误的。我细细品味了一下这10件奢侈品，有两件深深地触痛了我，我感觉恰与今天的主题相关，那就是第1件"生命的觉悟"和第8件"任何时候都有人真正地懂你"。

我想到了我的母亲，如果她健在的话，今年应该是80岁了。但令我遗憾终身且无法弥补的是，7年前她在我工作期间、在远离我工作地点的乡村去世了，母亲没有久卧病床，没有留下一句话，更没有给我及兄弟姐妹增加任何负担。母亲是突然脑出血离开我们的，在街坊邻居的颂扬声中到所谓的天上享福去了，但我悲恸欲绝！她养育我长大成人，走进高等学府，又走向工作岗位，我还没有来得及报答母亲万分之一二的时候，母亲就这样离开了。我想告诉大家的是，我一生中从没有惹母亲生过气，我努力完成好自己的学业与工作，母亲也常常以自己的儿子在城市工作为骄傲。当得知我成为学校领导时，没有上过一天学的母亲最大的感受是高兴，唠叨最多的话是："这么大一个学校，你要操多少心啊！"从此对于乡里乡亲的事情母亲就很少让我牵挂了。今天，我看到了这么多有妈妈陪的孩子，我真的好羡慕你们啊！你们真幸福！

我们这所学校是一所省属公办国家级重点中专，学校的校训是"敦品励学"。我们秉承育人教书、为人师表的育人思想，严谨治学，循理爱生。准军事化训练是我们管理的特色，弘扬大国工匠精神是我们努力营造的良好氛围，工学结合、校企合作是我们的办学方针。我们知道2500年前，人们进入课堂学到的第一课就是"首孝悌、次谨信、泛爱众、而亲仁、有余力、则学文", 也就是说要先学会孝道再学习文化, 否则, 孝道不足, 文化越高, 危害更大。

家长朋友们把孩子送到学校来接受正规的教育, 是明智而长远的选择。我曾听到关于教育的说文解字, "教"字就是一个孝心的"孝"加上一个文化的"文", 孝道文化的传承才谓之教啊! 百善孝为先。"育"字呢? "毓", 一个每天的"每", 加上流血的"流"去掉三点水。"每"字呢? 上面一个"人"下面一个"母"字, 如何解释? 一个人, 即母亲, 流着血把我们带到人世间, 并且哺育他, 所以谓之育呀。故教育离不开孝道。我校"敦品励学"的校训也正是基于这样的教育本真, 响亮地提出了先育人后教书、敦品且励学的口号并笃行之, 努力让每个中职生都有人生出彩的机会。

今天, 我与2016级航空班的学生家长共聚于此, 共享一段美好的时光, 共同在教育的大环境下, 在母爱的氛围中, 在校企合作的机制条件下, 给孩子们一个展示自我的平台, 很是感谢、感恩、感动。让孩子们尽情放飞心中的梦想, 在蓝天白云下与祖国母亲一同见证吧!

(2017 年 5 月 13 日)

畅想在职教春天里

在这春光明媚的季节，我校领导欢聚一堂为豫北牧野古城新乡第一所省属国家级重点中专学校揭牌。

这是一件令人欢欣鼓舞而又终生难忘的盛世喜事，在新乡工业贸易学校的历史上具有里程碑的意义，也是河南省供销社教育和新乡职业教育发展史上的新辉煌。

忆往昔峥嵘岁月，河南省新乡工业贸易学校风雨兼程。四秩春秋，学校隶属关系几经变革，学校发展道路坎坷不平。几代工贸人在上级部门的正确领导下，百折不挠，自强不息，坚定目标，执着追求，使学校由 20 世纪 60 年代单一的财贸系统干部培训学校转型为普通中专学校，由 1985 年的棉花检验、棉花加工两个专业发展为今天的集理工、财经职业教育、初中高中普通教育、专科本科高等教育、海员培养以及短期培训为一体的共计二十个专业的多层次办学格局，成为享誉省内外、享誉供销社系统内外的具有鲜明特色的中等专业学校。

看如今，新乡工贸学校龙腾虎跃，人气飙升，一派干事创业的好景象。近五年来，学校先后取得的荣誉有"省部级重点中专""全国供销社系统职业教育先进单位""劳动部国家职业技能鉴定所""教育部剑桥商务英语证书考证中心""省级文明学校""省级卫生先进单位""河南省中专学校技能大赛团体二等奖""河南省中专学校体育达标先进单位""河南省供销社系统五好基层党组织"等。

新乡工业贸易学校的办学特色明显，主要表现在以下六个方面。

1. "一体两翼"，扩大了学校的招生规模。"一体"指的是以中专为主体，"两翼"指的是以"3 + 2"普通大专、"2 + 3"海员大专和学校附属中学——平原中学为两翼，良性互动，互相补充，资源共享，优势借鉴，相映生辉，彰显了新乡工贸学校独具特色的强力适应市场需要的多层次的旺盛的办学思想。

2. 三项技能，提升了学生的综合就业能力。在新乡工业贸易学校，我们把人人会开汽车、人人可讲外语、人人能操作微机作为学生的三项基本技能，除此之外，学校所开设的各个专业还定期组织学生进行专业技能汇报，全校范围内开展的文化艺术节适时进行了职业技能大比拼，有力地推动了学生专业技能的发展，这更坚定了学校培养技能型人才的目标。多年来，学校坚持《学生技能手册》的过关检测，加上三项技能的普及，我们的毕业生受到了用人单位的高度赞誉。

3. 海员基地建设，使学生家庭跨上了脱贫致富的快车道。2002年，学校通过与新乡市海员服务局成功合作，牵手江苏海事职业技术学院开创了海员培养的新路子。如今，与我们学校合作的海事学校还有厦门海院和福建泉州海校，如果包括2001年冬季我们举办的海员短训班的学员，我们就可以自豪地讲，五大洲四大洋到处都有从新乡工贸学校走出的成功学子。一批批的海员离校走向世界，一批批的海员家庭走向了富裕，我们欣慰，学校为"三农服务"和建设小康社会做出了应有的努力。

4. 校局结合，工考培训结硕果。为进一步挖掘学校的教育资源，夯实学校大发展的经济基础，学校连续四年大胆作出了暑假不休息的决定，较好地营造了"工作是愉快的，奉献是快乐"的良好氛围，全员招生、工考培训、英语村、夏令营四面开花，特别是学校与新乡市人事局连续四年联合开展的对新乡市机关事业单位工人的技术等级培训工作更是热火朝天，参与其中的教师与工作人员展示了学校严谨的教风和周到的服务，得到了人事局领导和学员们的充分肯定。2004年的春天，河南省人事厅组织的全省工考培训工作现场会选择在我校召开，我们感到这是对我们工作的莫大鼓舞与鞭策，《新乡日报》在头版以"红花朵朵向秋荣"为题全面报道了这一盛况。

5. 带薪实习减轻家长负担，订单培养实现优质就业。周济部长在2005年四川召开的全国职业教育工作会议上强调，弹性学制，工学交替，既可减轻学生家庭负担，又可短期内缓解学校资源不足的状况，同时满足了企业对技能型人才的急切需求。我们学校三年前已经成功地实践了这一做法，学校就业工作实行"一把手"负责制，精心运作，诚信合作，广大学生提前上岗，带薪实习，校企满意，家长放心，学校同时承诺"包退包换"，保证合格，争取优秀，用心打造新乡工业贸易学校毕业生的优质品牌。

6. 坚持"三二一政治学习制度"，努力构建和谐校园。"三二一"："三"是指三个天天，即要求全体师生天天收听中央人民广播电台《早间新闻》、中央人民广播电台的《午间半小时》和收看中央电视台的《新闻联播》节目；"二"是指每周二下午教师和学生政治学习制度雷打不动；"一"是指每年利用寒假对全体教职工进行封闭式集中学习教育制度。连续五年来，学校班子团结、职工敬业、学生好学，大家与学校连心连利，同舟共济，不断取得招生、就业、教学、管理、服务等方面新的成绩。特别是招生数量连续六年稳步攀升，学校团委连续四年荣获"五四红旗团委"殊荣，学校的附属中学——平原中学，办学五年来初、高中升学成绩优异，连创新高，平原中学先后被新乡市教育局评为"办学综合评估一类学校"。为进一步提升学校的办学层次，经过努力，我们又与全国重点大学、西部名校——西北工业大学联办本科层次的网络教育，这对学校的发展又是一次新的挑战，我们坚信，只要精心运作，必定影响深远。

当我们快步疾奔的时候，我们应始终不渝地全面贯彻党的教育方针，全面实施素质教育，不断加强未成年人的思想道德建设。2004年10月，我校成功地举办了四十年校庆，溯忆历史，总结过去，立足现实，展望未来。可喜的是，我们得到了全国人大常委会副委员长乌云其木格同志的殷殷教导：敦品励学，任重道远。今天我校又迎来了国家级重点中专隆重揭牌的大喜日子，我们一定要牢记胡锦涛总书记反复强调的"两个务必"的指示，充分发挥党员干部的先锋模范作用，不断强化广大教职工的主人翁意识，大力弘扬伴随我们进步成长的并予以我们前进无穷动力的属于我们自己的宝贵财富——"工贸精神"，即百折不挠，自强不息，抢抓机遇，务实创新，在全校迅速掀起"二次创业"的新高潮，并按照上级党组织的要求，扎实举办共产党员先进性教育活动，并以此为动力，全力推进学校的各项工作，以构建和谐学校为己任，以办让人民满意的教育为目标，弯下身，铆足劲，一体两翼协同发展，二次创业勇立潮头！

（2005 年 4 月 26 日）

一个中职思政课教师的辩证思考

——诚信危机与道德建设的关系论

我试图从两个维度、四个层次和两者的关系来进行阐述。

维度一：微观个体角度。方法：掰开揉碎、条分缕析、字字细琢、句句品味。

诚：真诚、诚心、诚实。信：信任、信心、自信。

诚与信，就单个词来讲，是近义词；组合起来也是一个词组。诚与信，但就微观哲学理解，是一个因果关系（在哲学上，有五对基本关系，即因果关系、内容和形式的关系、现象与本质的关系、可能性与现实性的关系、必然性与偶然性的关系；还有三大规律，即对立统一规律、质量互变规律和否定之否定规律）。在理解因果关系时，特别强调因果的顺序性，这有助于我们正确理解诚信的内涵。

危与机，正是上边所谈到的三大规律中的对立统一规律的方法论的应用。简单地说，危与机正如阴与阳的关系，借用《易经》的表述，即"危在机之里，不在机之对"。所谓居安思危、危中有机啊！

"见人只说三分话，不可全抛一片心。"这是害人与防人的老俗话。但我认为几千年的中华文明的积淀留给文明的精华仍然是诚实守信，精诚所至，金石为开，信达天下。

诚信真的危机了吗？低头细想，先人后己，由己及人，恐怕答案不是很肯定的。己正后正人，我们每一个人的内心不是也都渴望着诚信走天下吗？若己不正，何以正人，又何以假想空想呢？

有人想守住"三十亩地一头牛，老婆孩子热炕头"的小农意识，闭关锁国，设想假如没有改革开放，路不拾遗、夜不闭户的高诚信度社会不就离我们不远了吗？实际上这是一种典型的拉历史倒车的人的僵化思想，其根本没有睁眼看到世界发展的一体化和全球村、信息化时代的到来。30年的经济发展，你我受益与受害的两个方面非常明显，即使危险重重，在GDP高速增长后中国这一睡狮还能一直昏沉？两个一百年的目标能顺利提出吗？高度文明的成果在物质极度丰富的基础上谁又能否定它更容易些呢？

道，老子的《道德经》有言："道可道，非常道。"道，在哲学意义上指事物运动变化发展的规律和内在必然性。道的发展与认知是从感性认识到理性认识的一个过程。（认识过程的两个阶段和六个过程不再详述）德，有公德与私德之分，还可被理解为公民基本道德（社会公德）、职业道德、家庭美德，还可被区分为官德和个人品德。当前，德才兼备、以德为先是用人的两把尺子。我们由此将人区分为圣人——德才兼备，君子——德大于才，小人——才大于德，庸人——德才欠佳。

道德连用，重在后者，即立德。在当前的党建方面也提出了依规治党与以德治党结合起来的要求。但是，发现人才、评价人才易，考评其德难，定性更难啊！所以道德建设永远在路上。

道德建设问题，犹如作风建设，从个人修养（严于修身、律己、用人；做人要实、谋事要实、创业要实）到学校的育人工程（育人教书、敦品励学），再到整个社会的道德建设，环环相扣，层层叠加，严丝合缝，密不透风。我个人认为，这是一个庞大的系统工程，不能毕其功于一役，虽不能说天天讲、月月讲、年年讲，但时刻紧绷这根弦应该是一贯的。

维度二：诚信危机与道德建设的关系。

我对此的理解有三句话，为什么是三句话呢？中国的道家有言："一生二，二生三，三生万物。"实际上在此用三句话可以概述两者之间的关系。一是感觉到诚信危机了，才引起我们的重视，以致用道德建设的办法解决危机。二是诚信本就是道德建设的一个重要组成部分。社会主义的核心价值观三个层面、二十四个字（国家层面为富强、民主、文明、和谐，社会层面为自由、平等、公正、法治，个人层面为爱国、敬业、诚信、友善）也是道德建设的重要内容。三是在当前"四个全面"（全面建成小康社会、全面深化改革、全面从严治党、全年依法治国）和"五大发展理念"（创新、协调、绿色、开放和共享）的大背景下，以诚信建设为导向，以道德建设为抓手，重塑五千年中华文化之魂以及良好的社会风尚，只要抓住党员干部这个关键少数，将"四种意识"（政治意识、大局意识、核心意识、看齐意识）不断强化，何惧诚信危机，何愁道德建设？实际上，两者的关系已经在"三个层面""四个全面""四种意识""五种理念"中清晰明确地阐述和表达了，小品《扶不扶》的现象只会是社会的个案，中国人真正不缺德，每一个人内心都渴望道德的重建和公序良俗的重现。我们要在体制机制的建设上大步快跑，并从实际出发，不是单靠觉悟和领导的号召，而是以舆论宣传为先导，以国民教育为抓手，以融入渗透为路径，以理论创新为动力，以机制建设为保障，诚信危机就不足为虑。

但是，哲学中事物发展的前进性与曲折性的辩证关系提醒我们，既不能盲目乐观，也不能悲观丧气。对于诚信问题的解决和道德的重建我们应洗耳恭听荀子的劝学篇佳句："积土成山，风雨兴焉；积水成渊，蛟龙生焉；积善成德，而神明自得，圣心备焉。故不积跬步，无以至千里，不积小流无以成江海。"道德建设不能一蹴而就啊！

《习总书记用典》一书共13篇、135句经典，其中在第128句中引用晚唐诗人杜荀鹤的一首诗："泾溪石险人兢慎，终岁不闻倾覆人，却是平流无石处，时时闻说有沉沦。"诚信危机若成事实，中华文化就真的被丢掉了。

我们万不可大意失荆州啊！

（2016 年 7 月）

聆听德国专家培训，感悟 SOS 原则

2013 年 4 月，我参加了省教育厅组织的德国专家培训，第一次与外国人面对面，第一次近距离感悟德国职业教育，我的思想有强烈的冲动，更有对职业教育的思考。

一、参加学习的本组成员情况

我参加的是第三小组，成员来自 16 个学校（或单位），计 26 人。其中有来自纽伦堡的德国专家、朱先生（翻译）参加了本组讨论。地点：机电职业学院办公楼第四会议室。

二、学习培训班的主要收获

1. 我们对德国职业教育的理解。学校与企业共同担当，相当于中国教育行政部门的工商大会负责标准、考核及管理、监督等事务；理论与实训的教学安排约为 1：2，学生在企业与职业学校的时间分配：企业为 3～4 天/周，职业学校为 1～2 天/周。

2. 我们对德国职业教育的概括。在德国，4 年小学、5 年中学、3.5 年职业教育，相对而言，文化基础课较弱或家庭教育观念淡薄的以及对技术性工作兴趣较大的人多选择职业学校。职业教育的师资有两个来源，一是大学生，二是来自企业的技师，但第二个也要经过许多考核，且是严格的。一旦成为职业学校老师的，几乎就有了铁饭碗；职业学校的校长或管理者，又担当许多的社会责任，然而待遇并没有增加多少，这并不是每个职业教育工作者所企盼的。在德国的职业学校也有些教师因不堪工作压力而提前退休的。

3. 我们对舍弗勒公司与海利珐集团职业培训的概括。这是两家德国著名的公司，优秀的企业产品，过硬的员工素质以及员工负责任的工作态度和职业师生热爱生活的乐观性格给我们留下了深刻的印象。

4. 我们所看到的德国职业培训的亮点如下。

第一，严格而终身有效的"职业教育证明"办法。一个职校生成长为一名合格的企业员工甚至跳槽到其他企业（转岗），其"证明"是要接受检查的，其接受职业教育的经历、教师的评语、考试（工商学会）的成绩，以及在前一个企业的工作表现或曾做过的工种（业绩）均清楚明白，类似于我国的处级干部管理考核，我们认为这也是德国重视"德国制造"的员工的一个体现，很有借鉴意义。

第二，校企共同培训的格局。几乎所有的职校生都是在企业做的订单中培养的，且企业的订单是企业在公开社会承诺后（媒体公布）与职业学校学生签合同后生效的，这样培养的质量就得到倍加关注，尤其是工商学会的统考更彰显职业教育成果的权威性（类似于我们的技能证书，但我们的多头管理体制及泛滥性不及德国的办法好）。

第三，课程也有公共课与专业课的区别，但公共课得到了应有的重视，对公共课师资的严格把关也是值得推崇的，且注重职校生的素质培训，不单是技能的严格培训，这一点我们也认为十分可取。

第四，职业培训的 SOS 原则也令人耳目一新。在这里我做一下解释："S"为整洁；"O"为秩序；"S"（第二个）为仔细。整洁体现有三方面：教室、工作台和车间的整洁；服装与外表的整洁；写出的报告与完成的任务的整洁。秩序体现有四方面：实训车间的秩序，实训环节的秩序，培训管理及培训工作安排的秩序，教师、实训师及学员作息方面的秩序。仔细体现在五方面：准备教学方面的仔细，准备实训方面的仔细，理论教学与实操方面的仔细，课后和实操后对学生讲评的仔细，各项任务和组织工作方面的仔细。

第五，职业学校师资的社会责任感。我所了解的德国职业学校的师资同样承担巨大的社会压力，生源质量也正在下降，且多元文化价值观的冲击以及诸多社会问题（如单亲家庭的孩子）对其考验也是很大的。但在德国职业学校老师的职责是神圣的，他们大多敬业、乐观，且耐心教育学生，使学生对将来从事的职业颇有优越感，这一点难能可贵，尤其值得我们学习与深思。

三、对我省教学改革的建议

1. 河南乃至整个中国的职业教育在改革中迎来了春天，这个春天很热闹。河南作为改革试验区理应成为改革排头兵，能否在中职教育改革方面搞一个"河南深圳式的城市"或某一个行业的几所学校，给足政策，密切校企，深度合作，做成榜样示范。

2. 能否在几个专业（或结合河南引进大企业用工需求），以省教育厅作为德国纽伦堡工商学会，统一几个专业的标准，承建几个一体化教学模式车间，统一考核标准，跟踪几个专业若干年毕业生去向，再造几个"河南现象"。

3. 若干相近的学校、专业的共享资源库建设也许可以大大缩短各个职业学校教学质量的差距（校校间、校企间、集团内部学校间），我省可花大力气在这方面投资、研发并加以推广应用。

（2013 年 4 月 20 日，省机电职业学院新校区）

火热的红七月，难忘的"英语村"

2004 年 7 月，这是我第三次参加我校"英语村"的工作。在这火热的七月，我的心始终与大家执着探索职教发展的激情行动一起"红彤彤的"。我当然也很高兴与第三届"英语村"的师生及平原中学夏令营的同学们共度美好而又难忘的时光。

我被任命为本届"英语村"的副村长。作为"英语村"的副村长，自接过大旗的那一刻，我与我的同事们及全体为"英语村"管理服务的老师、师傅们，都感到了责任的重大。我们尽自己最大努力来做这件事。在这里，我欣喜地告诉大家，我们没有留下任何遗憾。迪夫、谢里夫、高飞先生的帮助也是无私的，其中有老朋，有新友，我感到我们再一次握手合作是成功的。当然，中方助教在本届"英语村"的活动中更是承受了严峻的考验并承担了重要的教学管理工作，虽然他们报酬微薄，却奉献多多。

在这火热的七月、工贸学校的校园里，"英语村"成了除学校培训中心长时间习惯忙碌工作之后的又一亮丽风景。如果加上工贸学校全员招生、暑假不休息的工作劲头，我认为"工贸精神"的内涵就更加丰富了。

本届"英语村"的学员们多是海员、经贸英语专业的同学以及渴求英语进步的中学生。他们在炎热的季节来到学校的举动也着实令人感动。我提议应将诚挚的谢意以热烈掌声的形式送给他们！经过半个月的学习，勤劳的人总是有收获的，收获无论大与小，都将在自己的成长历程中留下难忘的一幕。

很长很长时间过去了，很多很多事情可以忘记，但我不会忘记在

"英语村"间隙为同学们巩固所学知识的辛苦的老师们，以及在夏令营中从事音乐、美术、体育、游学等教学工作并为同学们悉心服务的平原中学老师们，他们是可爱而幸福的蜜蜂，他们奉献了许多许多。

我要衷心地感谢大家，欢迎大家给"村委会"提出宝贵的意见，我诚挚地希望与大家明年再会！

（2004 年 7 月 26 日）

迈开步，走出"平原中学之路"

算算年头，我已经在平原中学工作三年了。面对当前的实际情况，平原中学进一步发展之路的方向在哪里？我思考了三个方面的问题。

第一，弘扬工贸学校精神，打造平原中学特色。

平原中学是工贸学校"一体两翼"办学思路的重要组成部分，从它诞生的那一天起，就在工贸学校的倾斜政策下茁壮成长。在化工路14号这块热土上，靠全校近3000名教职员工的努力以及20年来风风雨雨的锤炼，学校凝聚了一种精神，这就是由工贸学校校长、平原中学董事长马银生同志概括总结出来的工贸精神，其具体表述为十六个字：百折不挠、自强不息、强抓机遇、务实创新。在新的学期开学之初，在大地回春的美好季节，平原中学近500名师生员工要勠力同心，夙兴夜寐，勤奋工作，努力打造平原中学特色。过去，平原中学有良好的素质教育的办学思想；如今，平原中学已联通北京四中网校。广大教师要不断加强校际交流与教研，明确教学责任目标；广大学生要刻苦勤奋，积极求知。丰富多彩的文体活动使同学们在健康快乐的环境中"轻轻松松学习，愉愉快快成长"，平原中学这个品牌日益深得人心，平原中学的知名度与美誉度日益提高。回首过去的2003年，我们做到了"一安、二严、三到位"，顺利地送走了首届初中毕业生，成为市教育局办学综合评估一类学校，教育教学秩序井然；展望2004年，在工贸精神的鼓舞和激励下，平原中学决心着力打造英语教学特色，狠抓升学质量（初三、高三），同时完善培优补差工作，书法、演讲等特长培养也要遍地开花，突出培训青年教师的"青蓝工程"，在不长的时间内培育自己的名师、名生，力求突出学校特色，升值平原中学的无形资产，将平原中学的事业做大做强，将工贸学校的战略构思在平原中学有效地实践！

第二，加强学生思想品德教育，做好后进生的转化工作。

教书育人是教师的职业道德。青年的成长一方面在求知，另一方面在学做人。开学之初，学生处就已着手制定新的班主任、班级考核实施细则。2004 年 2 月 16 日晚上，冯德容校长和学生处的几位同志又在新乡新星剧场聆听了著名教育专家周弘教授的讲座。各年级组教师在充分学习、讨论马银生校长讲话的基础上都拿出了本学期工作计划。上周六，初一年级组的全体教师观摩了由市教育局组织的新课改示范课，我知道近几天还要有教师外出参加教研会。这些活动都为我们很好地营造教书育人的氛围打下坚实的基础。老师们、同学们，对成才的理解绝不是求知的多少，平原中学一方面抓实、搞好两个升学年级的工作，争取今年初中、高中全面开花，但另一方面，更重要、更艰巨的任务是学生的健康成长。在上周四的班主任会上，冯德容校长与全体教师共同学习了《构建新型师生关系》的文章，大家已经明确，培养学生良好的思想品德不仅仅是班主任的工作，而是全校教职员工都应人人育人，平原中学应事事育人。我们应牢固地树立"做事先做人"的思想，用更为科学的态度、更为合理的评估方法、更能被学生接受的办法来全面评价一个学生。爱心、耐心是必须有的，信心、决心要坚决，恒心、诚心将伴随育人的全过程，最后相信我们放弃的必定是伤心，收获的必定是善心。

第三，与全体师生共勉的一句话，那就是我们要永远追求卓越。

教育心理学上有一个"不晚"的理论，意思是只要开始就永不为晚。现代社会处处是挑战，挑战就意味着有挫折，要摔跤，要掉泪。在这里让我们记住巴尔扎克（19 世纪法国著名批判现实主义作家）的话："挫折与不幸是天才的晋身之阶。"在我们前行的路上，孤独、寂寞都是会出现的，但哲学思想家又告诉我们：落魄是成功的必经之路。落魄与成功是 10 公里与 20 公里的关系，要想达到 20 公里的目的地，你就必须先经过 10 公里的地方。在通向成功的途中，寂寞与孤独是必经的驿站。我认为走到了低谷，再接下来可能就是转机，有了转机离成功就不远了。成功是卓越的一种表现，成功是指一时一事的完成状态，追求卓越那就意味着永远向前。工贸精神的实质是不怕困难、敢为人先，平原中学的各方面在新的一年里要在这种精神的激励下，走向成功，追求卓越。在这个世界里，没有人甘于平庸，上至各级领导，下至普通百姓，没有人不想使人生的路途充满鲜花与掌声，可以说追求卓越是人生的积极选择。

我们要走向成功，我们要追求卓越，就必须寻找出路，敢问路在何方？我认为只要你抬脚走，就会有出路。当然，我们在寻找出路的时候，必须具备良好的品格、乐观自信的心态。因为我们选择了成功，我们就必须选择坚强。

有一首歌唱得好："要生存，先把泪擦干；走过去，前面是个天。"我们要坚信，明天一定会更好！

（2004 年 2 月 18 日）

弘扬工贸精神，打造平原特色

伴随着缤纷的礼花，喧天的锣鼓秧歌，2004年春天的脚步已经悄然来临。在这草长莺飞、百花争艳的春天，平原中学全体教职工因缘而聚，共谋发展大计，可谓士气高昂、精神振奋、思路清晰、前景灿烂。

回眸过去的2003年，在全校教职工的共同努力下，平原中学各个方面的工作得到了全面的发展与进步，工贸精神为工贸学校"一体两翼"发展战略的重要组成部分。在新的一年里，我们决心弘扬工贸精神，即百折不挠、自强不息、强抓机遇、务实创新，将平原中学做强做大，要紧紧围绕市场办学，解放思想，拓宽思路，转变观念，务实工作，在工贸学校"二次创业"的大氛围中，使中学教学独成体系，探索规律，打造特色，内强质量，外树形象，有力地将中学的工作推上新台阶。

"雄关漫道真如铁，而今迈步从头越。"春天是播种的季节，我信奉春华秋实、天道酬勤。我十分高兴与同志们并肩战斗。校长马银生同志曾不止一次地倡导"工作是幸福的，奉献是快乐的"，作为平原中学领导班子的一员，我愿为大家的幸福与快乐营造良好的氛围。

如何打造平原中学的特色呢？

一、初三高三是重点，抓紧抓实靠新招

目前，关于新乡市的升学工作多数学校的经验告诉我们一个字，那就是"抓"。谁抓了，谁就赢得了质量与声誉。任何梦想与希冀无不建立在抓实的基础上，同时，一个声音还在不断地提醒着我们，即破釜沉舟断后路，方可勇往直前争佳绩。我们在2004年不再去谈客观了，我

们要把更多的精力与时间花在如何针对我校一切可以调动的因素上。我认为本学期初三的工作主要有三项：第一，培优班的尖子再突出，尖子生的发展再全面，被重点学校录取的学生人数要突破。大家知道，一个学校的名声与学校的升学率必然地联系着，平原中学今年被重点学校录取的学生人数是大家异常关注的，本届毕业班的老师们责无旁贷，任重道远，且光荣而幸福。学校可能很多的工作将因培优班而改变，这其中的道理不言而喻。第二，初三毕业生的每一个学生，我们从未言放弃，我们的工作将善始善终，对每一个家长兑现承诺，让每一个学生在平原中学健康成长，让平原中学成为孩子一生中美好的回忆。这一点上一届学生已经给我们做了很好的评价，我相信，这一届的工作也不会差。第三，周密安排，提早考虑，做好毕业生的服务工作。诸如，体育加试、毕业考试、实验加试、学籍管理、升学指导等，凡是与教育局的联系工作，李玉俊校长当仁不让，有困难，我与马银生校长全力支持，目的只有一个，做好工作。

关于高三，这是平原中学的新事物，我在这方面会多费点心。第一，外联与内查工作。我们主要负责本届毕业生的两个专业：旅游管理与市场营销。外联工作主要是对高校的调研，内查体现的是学生的基本情况，包括家庭状况。我们既不盲目乐观，又务实客观，力争对学生做出正确的评价和有益的指导，不留遗憾。第二，与同行学校的交流与学习必不可少。同行学校初步算起来是辉县职专和息县职高，这项工作再忙也要落实，封闭自己是打不了胜仗的。第三，省、市教育部门和升学管理部门是今年高三升学的政策指导部门，一定要做到吃透政策，用好政策，为学生尽善服务。所以首先要勤联系，要熟人、熟事、熟工作。第四，高三的全体教师要切实高度负责，要有克服困难和夺取胜利的信心，要让工贸精神在这里首先开花，要让这项工作成为学校的重点，要让平原中学的辉煌在这里创造，要让 2004 年的招生工作因此而顺利开展。

二、教学管理工作人员要增加，教师发展人性化要求待提升

主要工作分七个方面：第一，要增加教导处的人员，白海霞由见习教师转为聘用教师；第二，要固定教研活动时间，加强校内研究与交流（初三的培优、初一的素质教育等）；第三，要量化学科教学标准，完善教师评价体系，科学评估教学工作；第四，要积极创造条件，为教师进修、自修、学习、晋职以及完善发展构建平台；第五，要稳步实施请名师、树名师，请名流、创一流工作；第六，要认真做好青年教师的人事代理及聘用手续完善工作（可以考虑外教问题），让平原中学成为青年教师成长的舞台；第七，要落实聘用制办法，按需设岗，以责定薪，多劳多得，优劳优酬。

三、学生生活安全第一，学生活动丰富多彩，学生管理井然有序，学生考评公开透明

主要工作分六个方面：第一，要完善学生管理的各项办法，调整学生管理人员，务必做到安全第一，落实李玉俊校长一贯倡导的五个到位，即领导、中层、班主任、生活教师、值班教师五个到位。第二，要有计划地进行学生活动，早安排，抓落实，见成效，让学生轻轻松松地学习、快快乐乐地成长——这就是目标。第三，要力争做到在学生管理中，时时有人管，事事有人抓，评比有依据，监督有办法，人人比进步，班班争先进。在学生管理中不能有杂音，说了算，定了干，干后评，评后奖。工作有重点，思路更清晰，将学生管理工作引导到学生全面发展与健康成长的道路上来。第四，要落实责任追究制。杜绝脱岗、迟到、早退、办事不负责任、简单草率等现象发生，每周五上午（上学期）学生管理人员在专门时间碰头交流。第五，要加强生活教师与班主任、值班老师的交流，分工负责，协作交流，细化量化，不厌其烦，把工作做得更扎实。第六，要研究后进生，转化后进生时要有爱心、耐心，要有新办法，此项工作将作为班主任工作的重头戏，一般要求典型

引导，政策支持，确保成功率。

四、招生工作措施具体，学校宣传责任到人

市场经济讲究的是"好酒也怕巷子深"，何况我们的"酒"还不是名牌，就更应多宣传。我们有许多值得书写的人与事，在这方面李校长是榜样，又是这方面的行家高手，2004 年他应多指导，出好作品，宣传平原中学。

今年，马校长在 2004 年的工作报告中对平原中学的招生和各方面都有新的提法，即要有自己初步的招生组织与招生基地，有相对固定的生源保证。所以，平原中学的每一个教职工都有责任与义务为宣传学校和招生工作做贡献。这里需表扬的同志有徐美箴老师、郭育亭老师、王斌老师、张伟老师等，他们真正把平原中学的发展当成了自己的事业，没有打工和临时工观念，敢于负责任地将学生介绍到平原中学，其实我们的师资与设备管理理念并不落后。

为进一步加强工作，我提出如下具体工作安排：第一，责任到人，张建普老师对这一部分工作具体分工。第二，所有教师，尤其是语文教师要带头并鼓舞自己的学生在媒体上展示自己。第三，学校基本上保证《新乡日报》每周皆有平原中学的消息。第四，招生工作早启动、有计划、勤联系、压指标，关注广告、彩页、专题片、走访、请进来、手拉手、名校联合、民办协议、关系资源、代办（借读），共计十个问题。第五，用名师、名生成就名校。橱窗宣传、广播宣传和电视宣传要及时到位，精美设计，创造条件达到一流。

最后，我还想给大家说三句心里话，在其乐融融的平原中学的大环境里，与大家共勉。第一，力争做一个有诚信的人。工贸精神的魂在于抢抓机遇，平原中学的特色在于"以校办学"。无论弘扬精神还是办出特色，其关键都在人的素质，这个人就是我们大家的兄弟姐妹。我们亲如一家的感情、我们坦诚互信的胸怀就是最好的干事创业的气质素养。第二，力争做一个能干事的人。能干事是一个人的水平和本领。无论行

政管理人员还是教师班主任，包括领导干部，学习与实践都是我们成长进步的最好阶梯，能不能干事，嘴上说了不算，实践出真知。第三，力争做一个干成事的人。干成事的标准谁说了算？这里有三个指标可以验证：一是招生的数量越来越多了；二是教学的质量越来越好了；三是综合评价，工贸学校与平原中学的办学效益实现了最大化。

(2004 年 3 月)

激情燃烧的中学校园

一个没有梦想的中学是没有未来的。三年前的一个梦想，今天在这块热土上变成了现实。回头看看走过的路，我们得出一个结论：在激烈竞争的教育市场中，素质教育是个宝，也只有全面实施素质教育，才能使教育质量全面提高。

办教育是有规律的，素质教育无可争议。客观的规律告诉我们，是否按规律办事，决定着人们发挥的主观能动性能否得到积极效果。越是按规律办事，收到的成效就越大。激情可以爆发出智慧的火花，可以坚定意志爆发出惊人的力量。人们在工作中贯注十分强烈而持久的激情，就会全身心地投入艰巨的事业中，从而取得成功。平原中学就是这样一所激情燃烧的校园。

平原中学敢请名师，敢引名人，敢把外语教育国际化。在办学过程中，因资金难倒的校长不在少数。平原中学特殊的办学优势，工贸学校相关的政策倾斜，使平原中学胆子大、敢做事。新乡市书法界名流郭逢时，山东德州双语优秀教师王斌，武陟县实验中学名牌教师陈卫新，李阳疯狂英语优秀传承人、华中师大教育生龚子力，以及河师大教育科学研究所的所长、心理学教授等均成为平原中学的加盟者；2001 年来自加拿大的 Game 和 Jime 先生、2002 年来自巴基斯坦的 Shilf 和 Ganis，从遥远的国度将友谊的双手伸到了平原中学，给这里的英语教师和孩子们带来了异国风情，相信这对孩子们语言学习的影响将是深远的。

平原中学大胆让书法、双语演讲走进第一课堂，大胆将语文、生物等第一课堂教学的科目搬出教室，大胆将评价师生的标准全透明、主体化。"素质教育非要落到实处不可。"李玉俊校长不止一次地重复这句话。自 2002 年新生入学起，平原中学就采取了新的双休日教学方案，根据学生意愿，结合教育对象的实际，遵循教育规律，编写了专门的素质教育大课堂教材。传统的语文教学字词篇的讲解与读写背的方法在平原中学受到质疑，这里的语文老师是学生心中的良友，也是共同学习的伙伴，一起到阅览室博览群书的时间让你分不清是课内还是课外，教学相合，相得益彰；生物学教学似乎不能让学生远离了美丽的大自然，生物老师让学生了解生理，珍爱生命，健康快乐地成长，善待自然，培养探索自然界科学规律的兴趣，与可爱的孩子们一同在花丛中捉蝶，到小河边静观常常是生物老师的做法……这样的教学谁还担心孩子的作业与上课打瞌睡？还有，好老师的标准、好学生的操行是一个学校重要的导向。平原中学突出学生的主体地位，鼓励教师合作竞争，实施"青蓝工程"，规范学生德行评定，以是否有利于学生身心发展、是否有利于学生全面成长、是否符合先进的教育规律作为取舍的标准，打破束缚，鼓励创新，让素质教育的方法与措施变成一个个鲜活的跳动的音符。

　　平原中学的校园从它建成的第一天起就迎着朝霞，沐浴素质教育的春光，始终在沸腾。王安东同学是平原中学初三（3）班的一名学生，而且是一名所谓"天生"就讨厌数学而现在对数学产生浓厚兴趣的全面发展的优等生。教师节到了，她在给数学老师刘恒龙的贺卡中写道："恩师难忘，您用知识浇灌我们，我们把鲜花献给您。"这是刘老师幽默的教学语言、细致的学生心理研究、娴熟的教学艺术的结果，在平原中学类似的教育活动与成果不胜枚举。这是平原中学广泛开展素质教育的必然。三年来，学校平凡的教育活动背后孕育着诸多勃发的因子。诸如"一帮一结对子""和学生交知心朋友""专家和学生谈理想""不使一个人掉队""英语快速翻译""语文诗接龙""数学演题接力赛"，等等，乍看起来，似乎让人喘不过气，实则学生喜欢参与，师生双方皆收获颇多。近期，平原中学团委举办了"我心目中的好老师"征文活动，95%以上的学生都积极地投稿。他们有将老师比作灯的，有将老师叫妈妈的，有视老师为偶像的，有视老师为知心朋友的……亲其师方才信其道，没有教不会的学生，只有不会教的老师。在素质教育活动中，平原中学老师的"美丽工程"和对学生尊重的教育敢为人先。我们有理由相信，创新的教育思想与观念加上勤奋的探索定能浇开素质教育的鲜花。

平原中学在前进。这里有燃烧的校园、燃烧的青春，我们祝福平原中学一路凯歌高奏！

（原载于《新乡日报》，2004 年 4 月 20 日）

开封求实中学之行的感悟

开封求实中学是新乡市教育局职业与成人教育科在2004年对平原中学年检时向我们推荐的一所在河南省有较大规模且已经形成良性循环的民办学校，今天由我带队，与冯德容、王利霞、刘树兴、张建普、马荣梅一起在求实中学东校王校长的介绍中，感受了一所民办学校12年的风雨之路，亲身目睹了求实中学强劲的发展势头以及学校教学、管理和后勤保障的高效、有序、竞争、细微的"奇特模式"，可以说这对我的触动是很大的，使我心中多时的积虑得以排解，更使我坚定了办好中学的信心。经过仔细梳理，我认为以下几个方面对我非常有益，特此书写以飨更多关注平原中学的同人。

1. 学生管理细。我原先在脑子里一闪念的东西在这里得到了证实，其经过实践，行之有效，我非亲身目睹真的难以置信。卫生的包干办法、就寝的要求、睡觉的纪律、就餐的规定、检查的及时、军训的特色、班会的举行、习惯的养成等，均给我们留下了深刻的印象。

2. 教师评价奇。关于教师的来源与具体要求，我详细地进行了询问，王校长不厌其烦地一一解答，我敬佩王校长的敬业精神，由衷地感谢王校长的爱岗敬业，同时真切地体会了领导的作风对教师的无形影响。通过交谈，我意识到了以下几个问题尤其值得注意：①不要刻意评比先进；②高速度地评阅试卷；③高质量的45分钟；④丰富且有活力的课堂组织教学；⑤重视学生的反馈；⑥群体的竞争优势；⑦广泛积极参与学科竞赛；⑧教师的考试与读书笔记。

3. 求实中学是一个纯初中的学校，共计三个校区。我们所参观的是一个学生几乎全住校的东校，是开封市联合收割机厂的一部分，也是求实中学将来重点投资、代表它的未来的学校。校长即董事长姓张，她的领导作风、工作作风和对后勤工作的要求着实令我们钦佩：对学校的情况要"飞检"，直接掌握第一手材料；参观学习的收获不过夜，当学当用；维修的记录限时公示；招生的措施严而又严，万不可用三、四流的生源以及问题学生寻求高的升学率，避免以此揠苗助长，用不切实际的梦想危害民办学校；相信优质高价的原则；劳逸结合的工作制度；强硬的处理学生的手段与勤于管理的行为紧密结合；优厚的教师待遇以求高质量的付出和回报。

当然，回想我们学校五年的发展之路，有欢笑，有泪水。我们应结合求实中学的经验，重新思考打造平原中学的特色。让我们勠力同心，群策群力，共谋学校的发展大计并为之不懈奋斗！

（2005 年 4 月 13 日）

"却是平流无石处，时时闻说有沉沦"之深思

唐朝诗人杜荀鹤的《泾溪》一诗有句"却是平流无石处，时时闻说有沉沦"，这里包含深刻的人生哲理与精妙的生命辩证：在险要之处，人们往往能够思想集中，小心谨慎，事故反而不易发生；在平流无险的地方，人们却容易放松警惕，麻痹大意，因此常常"舟覆人亡"。

近日，我参加领导干部学习，对照诗句，联系思想实际，颇多感悟。

一、讲政治，有信念

讲政治就是讲党性；讲政治就是讲大局；讲政治就是讲核心意识；讲政治就是与党中央保持高度一致；讲政治就是要有敏锐的政治头脑和敏感的政治神经；讲政治就是要坚持党的路线、方针、政策不动摇；讲政治就是听党话，跟党走；讲政治就是牢记入党誓词，永远高举紧握拳头的右手；讲政治就是要与歪风邪气做最彻底的斗争；讲政治就是要在关键时候为了党的利益与崇高的事业随时准备牺牲自己的一切。

我一口气写下了我对讲政治的十个方面的理解。我是一名有着整整二十年党龄的共产党员，我没有对党有丝毫的怀疑与背叛，我始终认为中国共产党是伟大光荣正确的党，是一个勇往直前、敢于批评与自我批评的党，是中国特色社会主义事业的坚强领导核心。无论面对阳光明媚的春色大地还是血雨腥风的峥嵘岁月，我都会始终毫不犹豫地选择并坚定地站在党的一边。

通过学习，我认识到，讲政治的体现，还得有坚定的共产主义信仰。当前，我国正在进行"四个全面"建设的伟大实践，同心共筑"中国梦"，践行社会主义的核心价值观，勠力同心，向着"两个一百年"的目标执着前行，努力把人民对美好生活的向往作为我们的奋斗目标。我认为，只要咬定全心全意为人民服务的宗旨不放松，只要党的鲜红的旗帜永不褪色，党的先进性的特征永远保存，我们的信念就一定能坚守，我们的目标就一定会达到。

二、讲规矩，有纪律

我从一个人生存于世谈起。人是群居的动物，是异于一般动物的灵长类高级动物，是有头脑的且能制造并使用工具劳动的高级动物。人的特性是自然属性与社会属性的统一，但特性主要是社会属性。

基于以上对人的认知，我想到讲规矩、有纪律的要求对每一个人都应如此。比如，群居的动物，就要有分工，有首领，有获得食物的办法和分食的规矩，否则这个群体就难以维系，这是第一个层次。第二层次呢，我们知道人是有头脑的，有思维就有不同的想法，自然就会产生分歧与自由主义，若是一帮傻子，可能不讲规矩与纪律，永远是一盘散沙，不仅没有凝聚力，更没有战斗力，故无法长久生存。伴随着人类大脑的进化，分歧更加剧烈，必须有统一的意志与行动的纲领，方成方圆，方成大事，方能向前。第三层次，人是社会的动物，人的社会属性要制约着人的自然属性，社会是讲组织纪律性的，以此方能克服动物的利己私心和自由散漫。常讲人是有感情的动物，且人又具有理性，大多数情况下人是受感情支配的，但关键时候是讲理性的。什么是理性？理性就是规矩，就是讲纪律啊！不讲理性，人何以能创造灿烂的文明与伟大的工程，何以感天地泣鬼神！共产党员是一群有特殊品质的人，是由特殊材料"制成"的，有着远大的目标与崇高的信仰，所以，讲规矩、有纪律当属共产党员的本分，我时刻提醒着自己。

三、讲奉献，有作为

社会主义的分配原则是按劳分配，多劳多得，优劳优酬。在社会主义初级阶段，我们选择的是中国特色社会主义道路。共产党员将始终信守全心全意为人民服务的宗旨，让一部分先富起来，先富带后富，走共同富裕的路子是我们的既定国策。

基于以上国情，广大共产党员作为社会各阶层的优秀分子，有着"三个代表"的光荣使命，在建设"两个一百年"的伟大革命实践中要保持先进性、纯洁性，要坚持党性要求，要走在时代的前列，要做群众的贴心人与带头人。

讲奉献与有作为是思想与行为的统一。讲奉献是一种高度的责任心与使命感使然，是一种极高的境界，是优秀的品质。共产党人讲奉献是快乐的，他们在工作中奉献的不仅仅是一般的体力与劳作，更有崇高的精神与卓越的智慧。有了良好的动机，奉献必然主动且有效，有作为的结果就能呈现；事事斤斤计较，到处与群众争名夺利，遇事先考虑自身，谈不上有作为，也难以有所作为。始终讲奉献的人，在思想建设与行为事实两个方面都会站位高、把控得住。

讲奉献与有作为又是具体和现实的。奉献不能停留在口头上，不能空谈思想，必须体现在具体行动上。有作为不是指为自己谋好处，而是讲为党的事业发展、为人民的利益有所作为。谋事要实、创业要实、做人要实，这样，在讲奉献的思想感染下，人在伟大的实践中必定有作为。

四、信任但不能放任

原广东省纪委书记朱明国曾任地方行政部门一把手，也是党长期培养的有为的干部，入狱前官至广东省政协主席，本可以安全"着陆"，平安退休，享受晚年的幸福生活。但让人感到意外的是，别的干部落马的案件中牵扯到了他，且问题严重，最后不能侥幸逃脱，只能悔恨终生。

朱明国也像其他党的高级干部一样，有较高的政治理论素养，有极强的业务工作能力，也曾在当地工作得风生水起，坐在主席台上高谈阔论自然也不在话下。但是，朱明国自己承认，他常常是扮作"两面人"，党的纪律与规矩多是对准别人的。他的身边也不乏许多好的人民公仆，但只要他放松一丝思想警惕，只要给别人一丁点儿可钻的缝隙，"苍蝇"就会无孔不入，必然将其拖下水，使其湿了鞋，丧失了原则，丢掉了党性，走向了人民的对立面。这些道理，朱明国在当前"打虎拍蝇"的高压政治生态下不可谓不知晓违纪的成本，但他没有把控好自己，苦海无边，回头无岸，咎由自取啊！

由此，反思自己的工作与思想，我觉得有以下问题需警钟长鸣。

第一，常思人生的目的与意义，树立正确的人生观。古书有言："人之初，性本善。"性本贵，后天由于种种"雾霾"会让人受到诸多困扰，生化出浮躁甚至卑微的想法。

第二，常想"人"字的支撑结构。"若不撇开即是苦，各自捺住便成名。"要懂得拒绝，学会放下，不忘初心，方得始终。

第三，常怀感恩之情。今天的工作局面与地位荣誉来之不易，这是一帮好同志共同创造的，任何人都是其中一分子，绝不能高高在上。牢记"上下同欲者胜"，同心、同德、同志、同为，方可一起前进。

第四，常学名篇典范。要"习"以为常，将读书融入自己的生命之中。读有字书，识众人相，走创新路，为难能事。在学习中汲取五千年中华文化的精华，在实践中总结做事的原则底线。"学而不思则罔""学而时习之，不亦乐乎？"

（2016 年 12 月 30 日）

努力打造具有豫北职教新特色的中职学校

今天的学校热闹非凡。大家在热烈庆祝第二十一个教师节，并隆重表彰在过去的一年里学校各个部门涌现出来的先进集体和先进个人。

刚刚过去的一年，是我们学校历史上发生重大变化的一年，也是新乡工贸学校的事业承前启后、继往开来并迅速发展的一年，更是学校各方面取得辉煌成就的一年。

这一年来，学校在省供销社党组的正确领导下，高举邓小平理论和"三个代表"重要思想的伟大旗帜，团结全体教职员工，发挥党员、干部的先进性和模范带头作用，从新乡工业贸易学校的实际出发，实事求是，解放思想，与时俱进，奋发有为，弘扬工贸精神，高唱"二次创业"的主旋律，有力地推动了学校各方面的工作，其主要体现有六个方面。

第一，四十年校庆工作隆重、热烈、勤俭、圆满。2004年的金秋，是新乡工贸学校的四十华诞。全校3500余名师生员工欢欣鼓舞，喜气洋洋。我们难忘全国人大常委会乌云其木格副委员长为我校四十年校庆的题词——敦品励学，任重道远；我们铭记省供销社领导的热情鼓励与鞭策；我们珍惜四十年来我校上万名优秀毕业生对母校的深情与祝福。更值得回味的是有数十名在校贫困生在校庆的大喜之日得到了学校"温暖工程"的资助，这一举措赢得了社会各界的广泛赞誉，更体现了学校以人为本，一切为了学生，以及求真务实的办学理念和工作作风。

第二，学校顺利完成了校级领导的新老交替，中层干部得到了充实调整。根据工作需要，2004年，学校中层干部实行竞争上岗。一批年轻有为、有理想、有抱负的青年同志走上了中层领导岗位。2005 年，广大中层干部又积极参与省供销社组织的公选工作。7 月 25 日，新一届学校领导班子团结成一个坚强的集体，坚决服从省供销社决定，以马银生校长为代表，顾全大局，舍小家为大家，任劳任怨，在岗更安心，坚决做到为每一届学生终身负责，努力做让群众满意之事，做让领导放心之事，做有利于工贸学校发展之事，并赢得广大教职工的高度理解与一致拥护。

第三，以优质就业为动力，拉动了招生工作连续两年和谐发展。近年来，尤其是过去的一年，我校以就业指导办公室为窗口有效地安排广大学生的就业、实习工作。在实践中，我校开展的弹性学制、带薪实习、优质高薪、良性互动等富有成效的就业工作特色鲜明，亮点突出，由此我校全员招生工作圆满完成，全年实际招生人数已接近 1400 人的控制规模，学校的发展模式由规模效益向质量效益的过渡也顺利进展。

第四，以保持共产党员先进性教育为契机，狠抓党员和干部两支队伍，坚持"三二一"政治学习，丰富工贸精神的内涵。2005 年 8 月底，学校各支部又顺利进行了支部改选，新一届党支部在工贸学校党委的领导下，以文明创建为载体，凝聚人心，鼓足干劲，全校上下群策群力，务实重干，决心为学校的"二次创业"再立新功。

第五，工考培训硕果累累，工贸精神美名远扬。已经连续五年与新乡市人事局联合对四区八县机关事业单位工人等级考试的培训工作在今年又结硕果，前后近 4000 人次、涉及数 10 个工种的培训以及 100 余场次的联合监考工作顺利完成，特别是广大的一线教师和学校培训中心工作的管理服务人员一丝不苟的严谨作风、战天斗地的高昂热情、克服困难的坚强信心和勇于胜利的英雄气概又一次展现了学校优良的校风，丰富了工贸精神的内涵，升值了工贸学校的无形资产。

第六，学校发展的标志性工程——科技信息大楼的一期工程即将完工、交付使用。由学校教职工自愿入股，采用全新的资金运作模式筹建的学校最高建筑进一步彰显了校党委和学校领导班子的坚强核心作用，基本按期施工的基建工作更凝聚了后勤、基建部门工作人员的智慧与汗水，由此也拉开了学校二次创业的序幕，为工贸学校再创辉煌奠定了良好的基础。

过去的一年，我们学校"教书育人、管理育人、服务育人"的工作措施有力、安全到位、效果良好。新的时期，面对新一届的学生，无论教学、管理还是服务都面临着新的挑战，新乡工业贸易学校广大的教职员工不畏困难，不辞辛劳，不断进取，在各自的岗位上均做出了骄人的成绩，在今天这个教师节表彰大会上，我们没有理由不对辛勤工作的同志们由衷地表达敬意！

四十年校庆，我们总结了过去，新一届领导班子的成立已昭示我校二次创业的新的征程，拔地而起的学校科技信息大楼冲向 24 米的高空，新乡工业贸易学校的规划蓝图也已展现在我们面前。与先进的中等职业学校相比，客观地讲，我们尚有不小的差距，我们一定要有强烈的使命感、紧迫感和忧患意识，我们要正视压力，抢抓机遇，应对挑战，加快发展。当前我们还要着重注意以下三点。

一是要戒骄戒躁，艰苦创业，笃定职教方向，凝聚干群人心。新乡工业贸易学校多年来形成了自己的传统优势，学校校风正、学风浓。以往我们虽取得了骄人的成就，但面对"二次创业"的大潮要准确定位，从"新"开始，在职业教育天地里驰骋纵横，依靠强有力的思想政治工作，让"工作着是幸福的，奉献着是快乐的"这一工作风格进一步丰富工贸精神的内涵。

二是要使安全工作警钟长鸣，立足本职、干好工作，求真务实、创新发展。稳定压倒一切，安全重于泰山，在和谐社会的主流意识形态里，建设和谐校园，共创美好家园应当唱响在新乡工业贸易学校这六十亩的土地上。同时我们还应牢记发展这个硬道理，学校事业不断发展、广大教工收入不断提高是学校最为有力的和谐稳定的方略，我们会用辛勤的耕耘和智慧的汗水，让这片肥沃的土地丰收在望。

三是要坚持科学发展观，以人为本，控制规模，走内涵式发展之路，以质量求生存，以诚信传播美誉，深化干部人事制度改革，贯彻多劳多酬、优劳优酬的原则，努力提高教育教学创新的水平，加快青年教师的培养步伐，注重技能训练，适应新时期人才培养的新模式，打造新乡工业贸易学校职教的新特色。

百年大计，教育为本；教育大计，教师为本；学校生存，质量为本。让我们高举邓小平理论的伟大旗帜，永葆共产党员的先进性，树立和落实科学发展观，振奋精神，开拓创新，把我校建设成享誉省内外的具有鲜明特色的中职院校。

（2005 年 10 月）

情到深处语无序

2018年8月29日是岳小战校长退休的日子。今天省供销社领导到校宣布了组织决定。回想我与岳小战校长一起工作28年的岁月，不禁感慨万千，思绪翻腾。下午，我参加了学校组织的座谈会，于此记录自己的心路历程。

一、复杂心情

面对上级简短几行字的研究决定，座谈会上要求我们每一个班子成员都谈谈，谈什么都似乎不重要，此刻，我心中充满由衷的敬意和满满的不舍与回味，复杂的心情用"矛盾"一词恰如其分。

这样的座谈会，在这所学校我经历了三次。这次不同的是，我见证了一个把人生最美青春奉献给其钟爱的事业的人，倾其长达33年职业情怀的老领导要离开其全心战斗的岗位，我搜肠刮肚也不能寻觅恰当的言语来表达此刻的心情。"矛盾"一词，既是对立的统一，又是结束的开始。

岳小战同志从一个风华正茂的青年到今天霜染两鬓的中年人，他对学校的一草一木皆有深情，他熟悉的校园里的一砖一瓦皆可作证，为了事业，其不忘初心，孜孜不倦。

情感的驱使、沸腾的热血不能使我安坐于此，我只能用深深的鞠躬表达我与其共同工作、一起战斗28年的友谊。

二、滴水映辉

"点滴之水可以折射太阳的光辉。"来不及等待，没有时间梳理，哪有高超凝练的语句能阐述一个人几十年的职业生涯？

可是话还是要说，事还是要讲，我择其要，就谈谈岳小战校长给我留下极其深刻印象的两个方面，即为师与为长。

他是受人尊敬的好老师，言传身教，一日为师，与学生终生为友。如今他的学生已经桃李芬芳，誉满九州。岳小战老师不愧是我校54年建校史上第一位教授级高级讲师与职教专家，其经典的"传道、授业、解惑"的教师风范与严谨地践行好教师的作风将使我们后来者永志学习。

他是令人敬仰的好班长。他建班子，带队伍，直言敢劝谏，严在细微处，爱在当爱中。尤其自2010年主持学校工作当校长至今，他带领全体师生实干加巧干，用智慧与汗水捧回了包括"全国职业教育先进单位""首批国示校"等在内的18块金字招牌。我们有理由坚信，春秋更迭，物换星移，河南省工业科技学校厚积薄发，在岳校长打造的良好发展基础上，必将以蓬勃的活力和昂扬的士气，用心智与心血谱写职教名校的绚丽华章，让省供销社党组放心，让岳小战校长等离退休的老领导安心。

三、一路风采

清末诗人龚自珍说过："落红不是无情物，化作春泥更护花。"岳校长勤勉做事、踏实做人的优秀品质和优良作风永远值得我们学习。如果我没有记错，很多人都清晰记得岳小战怀揣着职业教育的梦想、一头扎进供销学校这片沃土的身姿。无论在风平浪静的日子还是风雪交加的岁月，无论在普通平凡岗位还是肩挑千钧重担，其一路走来，都可谓一路风采！其中辛苦甘甜，他身在其中，自知其味。我与其相识、相知、相伴28年，感受颇深，受益良多。

四、真诚祝福

"退休不曾退其志，离岗未敢忘国忧。"当前的职业教育仍很薄弱，岳小战校长集一生的耕耘与拼搏积累的职教经验是学校宝贵的财富。古人云："居庙堂之高则忧其民，处江湖之远则忧其君。"望岳校长在闲暇之时常想着学校，再发挥余热。心若移动，情可联通。

"莫道桑榆晚，为霞尚满天。"退休不是人生的终点，只是人生一部春秋的完稿，是人生的又一个驿站，也标志着人生第二春秋的开始。

岁月如歌弹指过，光阴似水不再来。壮心未与年俱老，枫临晚秋叶更红。衷心祝福岳小战校长在人生的又一个春天里尽情沐浴春风，玩赏春雨，身心康健，家庭幸福！

（2018 年 8 月 29 日）

鼓足劲，加满油，走好新时代
供销职业教育之路

2018 年的 4 月中旬，我有幸参加河南省供销社组织的党的十九大处级干部第一期学习班。在结业仪式上，领导让我汇报一下学习的心得体会。我诚惶诚恐，百感交集，思绪飞扬又有所敬畏，我尽管很是努力地准备了一下，但囿于认识水平和理解能力，恐很难完整准确地展示学习成果并表达自己的感恩感激之情。

我的汇报有三部分：一、汇报一下这几天的主要学习内容；二、发表一下自己这几天学习的心得体会；三、结合自己所在的河南省工业科技学校实际和自己分管的具体的教学工作交流一下这几天自己的想法以及今后的做法。

一、"三一五模式"学习安排，丰富了学习内容，提升了认识水平，交流了学习心得，强化了学习自觉

本次学习班，省社针对学习贯彻党的十九大精神安排了三次辅导讲座，分别是刘延生主任的"扎实推进十九大精神在供销合作社落地见效"、王国锁主任的"学习践行《党章》的意义和应把握的重点问题"、省委党校经济学部贺卫华主任的"加快推进乡村振兴战略"。这个"一"指的是一次充分的高质量的学习谈论交流；这个"五"指的是集中收看了五集大型政论片《不忘初心，继续前进》。

通过刘主任的讲解，我主要的学习收获共有四点。第一点，我明白了学习贯彻党的十九大精神是我党的一次政治宣誓，意义深刻。党的十九大是一次历史性的会议，在我党的发展史上有着里程碑的重大作用。党的十九大提出了一系列重大的政治判断，我党在政治上、理论上、实践上均取得了一系列重大的成果，产生了一个新的领导集体，做出了一系列新的重大部署。第二点，我明白了党的十九大精神的丰富内涵和核心要义。其具体表述有九个方面，核心要义为明确我国社会进入了社会主义新时代，我国社会的主要矛盾发生了变化，准确表述了习近平新时代中国特色社会主义思想的"八个明确和十四个坚持"，开启了全面建设社会主义现代化强国的新征程，提出了实施乡村振兴战略的新举措，并坚定不移地推进全面从严治党的新境界。第三点，刘主任讲到，要以党的十九大精神为指引，持续深化供销社的综合改革：供销社要主动参与实施乡村振兴战略，促进农业农村现代化；供销社要主动顺应社会主要矛盾变化带来的新要求，推动流通服务创新转型；供销社要主动把握加快完善社会主义市场经济体系部署，进一步深化社有企业改革；供销社要主动引领新型合作经济组织的发展，助推小农户与现代农业发展的有机衔接。刘主任在此还特别强调了农村"三位一体"（即生产、销售、信用）的农民合作经济组织体系构建，着力打造共建共享的有效载体和为农服务的综合平台。第四点，刘主任要求大家切实掌握党的十九大精神蕴含的科学方法，在供销合作事业发展的新时代谋求新作为。为此对大家提出了四个方面的具体要求：第一，要更新观念；第二，要崇尚实干；第三，要增强本领；第四，要转变作风。

通过王主任的讲解，我增长了以下三个方面的知识。第一，我重新认识了修改《中国共产党章程》和学习《中国共产党章程》的重大意义，《中国共产党章程》是共产党员学习的第一课，是共产党员的"心学"，是党内的根本大法。第二，我系统地了解了党的历次党代会对《中国共产党章程》的修改情况，跟随着王主任梳理了从党的一大到十九大历次党代会的主要闪光点，明确了在党的历程上七大、十二大和十九大的重要贡献，分享了王主任21天延安干部学院学习的主要收获，尤其深刻地感受到了入党誓词对一名共产党员起到的刻骨铭心的灵魂洗礼作用。第三，结合中国共产党的奋斗历程，学习《中国共产党章程》应重点把握的十个方面的重要知识。

通过省委党校贺主任的讲解，我学习收获的主要知识集中起来也有三个方面：第一，明白了乡村振兴战略的基本内涵和提出的背景，系统了解了我国农村发展的1.0、2.0、3.0三个版本；第二，学习了实施乡村振兴战略的目标和要求，进一步明确了未来乡村振兴的标志，不是热闹拥堵的工业园，而是清净广袤的农业园，要让农民通过种粮就能致富；第三，贺主任还讲到了实施乡村振兴战略需要重点解决的问题，如农业农村的主体地位建设、促进城乡融合问题、大力发展农村集体经济、推动农业人才队伍建设等。

我们第二学习小组，14号的下午在11楼省电子商务有限公司会议室，由杨峰处长和石光功社长带头，针对学习班提出的谈论主题，开展了有序热烈而充分的讨论发言。限于篇幅，我简要汇报三句话：一、大家有所准备，切合主题，联系实际，由组长和副组长带头，大家踊跃发言；二、不论企业还是事业单位的同志发言，都是围绕新时代我国新的发展历史方位和社会主要矛盾的变化，结合刘主任上午的讲解，联系自己的实际工作畅所欲言，知无不言，言无不尽，讨论既轻松愉悦又见仁见智，起到了交流提高的讨论效果；三、我和驻马店财经学校的杨文涛校长，还见机向电商公司的田云峰总经理讨教电商线上、线下运营的详细情况并讨论了今后条件成熟时省社直属企事业单位校企合作的问题，我感觉到从来没有过的轻松和惬意，因为这是自己一家人的亲密合作，若能落地生根、开花结果，更是开启了双元制校企合作的中国版本新模式。

政论专题片《不忘初心，继续前进》，我们利用两个下午共集中收看了五集，分别是《举旗定向》《人民至上》《攻坚克难》《凝心铸魂》和《永立潮头》。该片围绕以习近平同志为核心的党中央五年里治国理政的伟大实践，展现决策理念、重要顶层设计酝酿提出的时代背景，深刻内涵和奋力推进过程，充分表达了党中央继往开来逐梦前行的勇气、担当和智慧，全景展示中国共产党人不忘初心、砥砺前行的壮阔征程，生动讲述了五年来打动世界、激荡人心的中国故事。

二、关于学习的五点心得体会

1. 刘主任说：学习是一个长期的过程。这不仅仅指学习十九大报告，还指每一名党的各级领导干部。因此我们的学习要有计划有安排，学习要集中学和自己学，学习要持久学和重点学，等等，不学习的干部早晚要被新时代所淘汰。

2. 王主任说：延安干部学院开学要测试，结业还"默写"，学习不好，对领导干部来说是很没有面子的事情，甚至会使领导干部抓耳挠腮。书到用时方恨少啊！这个是对我们党员干部的警醒，是告诫我们在八小时工作以外的时间要合理地安排自己的学习计划，要努力做一个读书学习的激进者、推动者、领导者。

3. 贺主任滔滔不绝地讲了150分钟，这彰显的是学习的硬实力。我注意到贺主任的课件虽不多，但讲解内容丰富，用时不短。我们不能照搬照抄党校老师的工作性质，但党校老师的业务能力和水平还是让我很受启发的。

4. 习近平总书记就是爱学习的好榜样。我对专题片中的一个镜头印象深刻，就是习总书记当年在梁家河村放羊时，将羊群安置好以后就在山坡上"读书和冥想"，总书记几十年后谈起此事很是惬意，引起我由衷的敬佩。从小就有好的读书习惯养成，总书记一路走来，读书学习恐怕是陪伴他工作之余的良师益友。

5. 没有理论指导的行动是盲目的行动，高理论水平取决于学习的决心和坚持。在第二学习小组谈论发言时，我说倍感珍惜省组织的每一次学习机会，那是因为在繁忙的工作中常常忘记了提升工作效率、打开工作新局面的好方法就是读书学习，提升理论水平，指导实践。所以，我没有拒绝郭处长的安排，鼓足勇气坐在了这里向大家汇报。

三、学习后的想法和今后的做法

1. 关于想法。我认为，新时代给每一个干事创业的人提供了很好的平台，中央的 11 号文件和河南的 20 号文件又给供销人指明了人生和事业出彩的方向，在大力发展职业教育的春天里，我省供销社系统在 2018 年又实现了几代供销人的高层次办学的梦想，我没有理由不铆足了劲头，为河南供销职业教育的发展增砖添瓦。同时我还注意到，社会主要矛盾的变化，无疑明示着前途是光明的，道路是曲折的。世界上没有平坦的道路，干事创业从来就不是敲锣打鼓轻轻松松的，必须发扬共产党人铁一般的意志和担当精神，敢于啃"硬骨头"，能够涉险滩，坚信成功永远属于勇毅和笃行的人。毛泽东主席的《矛盾论》告诉我们，复杂事物内部都蕴含着多个矛盾，但矛盾有主次，就是每一个矛盾的两个方面也有主次，要善于抓主要矛盾和矛盾的主要方面，善于从纷繁复杂的事物中梳理出事物发展的规律和特征，透过现象看本质，学会十个指头弹钢琴的工作方法，在新时代面对主要矛盾的新变化奋力做出新成绩，无愧于这个伟大的时代。

2. 关于做法。我结合这几天的学习体会，联系自己的工作实际，认为当前职业学校的发展和内涵式提升的工作主要侧重点在三个方面。

第一，顶层设计优先优化，学校定位清晰明确。河南供销社中等职业教育的体量在全国有影响，在河南绝对领先，下一步如何发挥中高职衔接的整体优势高起点弯道快跑，对于实现构建我省供销职业教育的"高铁链条"来说，每一个河南供销职业人都应该贡献"供销智慧"，提交"供销方案"。

第二，"纸上得来终觉浅，绝知此事要躬行。"实践和认识的辩证关系说明实践和认识之间每一次的循环都相比较进到了高一级的程度。不实践，半点马克思主义就没有，幸福都是奋斗出来的。

第三，深度校企合作是职业院校发展的有效途径。年前年后，国办以及教育部等六部委有关产教融合、校企合作的文件先后出台，犹豫徘徊，瞻前顾后，畏葸不前，顾虑重重，损失的是时间，丢掉的是机会。我愿乘借新时代的东风，努力做一名奋勇向前的开拓者，在省社党组的正确领导下，走好时代赋予我们的新的职教发展之路。

不足、不当之处，敬请大家批评指正。

（2018 年 4 月　省供销社）

下 篇
论点与观点

我校 2016 年教学、科研之"诊改工作"的思考

按中医疗法，"望闻问切四字，诚为医之纲领。"今天，我思考的核心就是谈谈对我校教学、科研工作的看法与意见，并试着开出"药方"，与大家共勉。

一、"望而知之谓之神"

望，主要是看、观察。一看就知道是啥病，是大而言之的角度。通过我的观察，我看到三个问题。一是教学管理、教学科研的制度建设有问题。装订在册的教学文件共有 40 个，且每年都在修订完善，补充新的文件，但没有人很认真、系统地研究过文件的关联性、合理性、科学性，主要责任在我，大家（教学中层干部）也脱不了干系。我甚至没有听到不同的声音，更没有大胆质疑的，这不正常。这种现象也许是出于对领导的高度信任，但执行文件的过程似乎不太顺畅。我认为"执行力 =（执行的能力 + 执行的策略）÷执行的意愿"。执行的能力指发现问题、分析问题、解决问题的能力，执行的策略主要指执行的方法，执行的意愿主要指执行者的自主自发的工作态度，由执行者的职业素养来决定。显然体现执行力的因素来自主客观两大方面，执行文件的不顺畅这个问题偏重于后者，与职业素养有重要关系，说白一点，是教学管理干部的素养，是大家的奋斗目标与对未来的期许不坚定、不明确所导致，是我校大的环境即纳入财政后，招生形式尚好，与 2014 年以前收入相比"小富即安"的心态所导致。我本人要承担主要责任，当然教学管理的干部同志也要"吃药"啊！二是事业单位的绩效考核机制的

特征使然。对于目前的绩效考核，我们学校与同类学校一样，几年"吃"的是"大锅饭"。教学口的教师综合考核结果等次与奖金挂钩不多，在自己正常的工资条的收入占比较小，所以大家对此不够重视，考核者与被考核者都不是十分认真对待此项工作，几乎不见谁对此十分计较，没有人因此感到很痛苦、很没面子，绩效考核排在后面的大都是因为有客观的原因，也能讲得过去，当然也不否定这项工作的多年老套路，那就是在此平台上大家习惯所造成的。三是我校还没有把科研工作当作招生一样重要去看待，还没有专项的科研管理或成熟的激励机制，至少还没有找到一条合理、合法、合适的好办法。目前的科研工作任务只是在领导的高压下完成，只是在评职称的动力下推进，大家很难有发自内心的主动作为，所以功利性强，忽冷忽热现象持续不断。我知道，高级讲师的科研动力第一难，教育硕士几乎没有研究任务，科研成果也很难与职称工资实质对接，所以这是一"望"就见的"病"。

二、"闻而知之谓之圣"

闻，通"听"，倾听患者自述，需要问才能知道，这是概括来讲。哲学上讲，偏听则暗，兼听则明。一方面，我听到来自教育部的部长陈宝生 2016 年 11 月在"深化教育督导改革暨第十届国家督学职任工作会"上就我国教育发展的形式作出的基本判断，即"六个看"：一是向后看，主要是看现在的教育发展水平是如何达到的；二是向前看，主要看教育发展的目标；三是向内看，主要是看我国经济社会发展的阶段性特征；四是向外看，主要是看教育发展的国际环境；五是向上看，主要是看党中央对教育发展提出的新要求；六是向下看，主要是看人民群众对人民满意的教育提出了什么新期待。我还注意到，陈宝生部长 12 月在福州召开"纪念职业教育法公布实施 20 周年暨中国近现代职业教育发轫 150 周年"时为推进现代职业教育的发展用"六个关键词"对职业教育提出了明确要求：一是要让职业教育香起来，香不香，看思想；二是要让职业教育亮起来，亮不亮，看质量；三是要让职业教育忙起来，忙不忙，看市场；四是要让职业教育强起来，强不强，看成长；五是要让职业教育活起来，活不活，看改革；六是要让职业教育特起来，特不特，看工作。另一方面，我也听到了我校一线教师的声音。这些声音说明他们比上不足，比下有余啊；说明他们瞻前顾后，思左想右，犹豫不决啊；说明他们畏首畏尾，创新不足啊；等等。怕在风口浪尖，怕枪打出头鸟，说是因循守旧，在教学上管理上老办法不管用了，新办法不会用，没有成就感，更没有获得感。大家对陈部长的"六个看"与"六个关键点"没有理解与践行，自己的老观念仍在起作用，历史前进的列车已到"高铁时代"，这些人年龄不大，却以老自居啊！说到此，我尽管开篇至此都在"看病"，但仍忍不住希望大家为即将退休（2年内）仍然承担最高工作量（周16节）、全年全勤的众多一线老师送去最真诚的谢意和由衷的敬意！

三、"问而知之谓之工"

此谓细节，是讲医生的判断再次与患者沟通印证，以防误判。我武断地认为，此工乃当前大力倡导的"工匠精神"之工，是需要再进一步的作为。我们知道，共产党人最讲认真二字，当前的反腐工作提出"零容忍"，精益求精，百尺竿头更进一步是我们所有教师对自己岗位的诠释。正确理解工匠精神，我们应多一些匠心，去掉匠气。我们学习小米CEO雷军的互联网思维七字诀：专注、极致、口碑、快。我们要紧跟这个时代的节拍，用"互联网＋"的思维变革我们的生活、我们的工作、我们的学习、我们的管理、我们的科研以及我们的其他方面。在职教职工中文凭最低的一位同志现在每天都给我发微信，提醒我注意书法学习交流和心灵鸡汤，向我推荐保健常识，我感叹，这个世界真的因互联网改变了，变才是硬道理，这真正体现了"变化发展才是马克思主义辩证法的两大总特征之一"。与我校合作的保时捷PC公司的培训总监李恒老师说，"保时捷的培训最稳得住"，占领各类培训高端的法宝就是"一直在变"。老师们，我们现在没有任何一丁点理由可以支撑自己说："我去年就是这样教，今年有什么错啊？"今年还这样教，实际上，上学期使用的办法到本学期就不灵了啊！我欣赏一句话，"心灵与身体必须有一个永远在路上"，否则"乱花渐欲迷人眼"，飞奔的时代列车将把你甩下来，在"重重雾霾"之中戴上"口罩"的滋味让心灵与身体一样都不好受。

四、"切而知之谓之巧"

要把脉，也就是必须实地感受才能知道。此虽为"末技"，但不可或缺。查找教学科研问题，除了"望、闻"的"高大上"的环节，也必须有接地气的抓具体环节、具体做的"切"与"巧"之作。我有两年没有排课表上课，只是开展了一些专题讲座或代替个别老师上课实践。我认为，繁忙的行政工作都是借口，没能与广大老师一起战斗总是遗憾。如果说找不准病灶，则此"切"可得。"四课五功五个一"（我校教师成长的路径）等工作回头看，比照相关文件刚刚只是给大家勾勒了一个轮廓，124项奖励荣誉与2016年对口升学工作38个本科过线生和参加国赛的3个二等奖的成绩有所抬头，"3+3个教学名师、技能名师"的头衔，还有侯翔、郝明毅、张宝3位老师闪亮登上全国或行业的教师大赛的领奖台，可谓2016一路辉煌。我校每年的"惯例的体检"（今年更为正式）就是为了"没病找病"，将职业教育的工匠精神落实到细微之处，今后还要再努力。对于习总书记新年献词中"撸起袖子加油干"的号召，我们要落在实处，以上率下，"上下同欲者胜"啊！

为此，我借用陈宝生部长的讲话，用"打造我校'名优土特产'"来作为经过中医望闻问切四诊后的药方，更愿以其作为我们2017年前进努力的方向。那就是：

"名"——想尽办法让我校教学名师群体亮起来，"3+3+教研室主任+学科带头人"；

"优"——努力推出与"名师"对应的15倍的优秀学生（可称为教学质量提升"115"计划）；

"土"——必须完成骨干专业与数个地方对口企业的融合性发展；

"特"——要抓住时机、与时俱进，改造或新增小微特色专业来作为补充（如美容美体、幼师、航空等专业）；

"产"——科学谋划，将产学研一体化的机制早日构建起来。

老师们，我想告诉大家，科学的方法来自三个方面：一是感觉经验，二是逻辑判断，三是实验实践。中医的四诊法如若找准病灶，信息化的时代是不能允许我们"喝中药"慢慢调理的。

感谢2016，一路有你们陪伴，期待2017，我们一起加油！

（2017 年 1 月 6 日）

以校企"命运共同体"的新视角，
探寻校企新合作的"高速路"

一、认真把脉"职教新时代"的特征

如果我们将党的十九大提出的我国社会主要矛盾发生了根本的变化作为我国进入新时代的时间节点的话，则"职教新时代"也可以把2019年2月13号《国务院关于印发职业教育改革实施方案的通知》（以下简称"职教20条"）作为开始。主要的论据支撑：第一，国家层面第一次将职业教育与其他教育放在了同等重要的位置；第二，明确了职业教育是一种新类型的教育；第三，提出了"没有职业教育的现代化就没有教育的现代化"的新观点；第四，把教育事业发展中的"难""深"的两个问题中的一个归结到职业教育方面，即"培养产业生力军的改革攻坚"；第五，在教育改革创新和经济社会发展中，进一步明确要把职业教育放在更加突出的位置；第六，鲜明地打出了深化职业教育改革发展的"组合拳"；第七，真真切切地找到了职业教育的核心是产教融合，痛点是企业参与职业教育的积极性不高，并拿出了激励企业的当下方案。

学习"职教20条"，针对职业教育改革的"新提法"共有19个："1+X"证书制度，书证融通，育训结合，职教高考制度，标准化建设，学习成果认定积累和转换，学分银行，国家资历框架，产教融合型企业，示范性职教集团，国家职业教育咨询委员会，质量评价和督导评估制度，职教培训评价组织，应用型本科转型，本科层次职业教育，长学制培养高端人才，产教融合实训基地，股份制、混合所有制，国务院职业教育工作部级联席会议制度。

综合 1 个时间节点、7 个主要论据支撑和 19 个"新提法",概述一下当下"职教新时代"的特征:一是职业教育的定位更加准确、更加明白、更加符合当下教育和企业发展的规律;二是职业教育的任务更加清晰和具体,"职教 20 条"和 19 个"新提法"彰显了职业教育的担当与作为;三是职业教育针对难点和痛点打出了"组合拳",啃硬骨头的精气神充分体现;四是职业教育的发展有了国家和制度层面的保障,改革与发展将更加蹄疾步稳、行稳致远;五是职业教育的未来可期、前途光明,体系建设方兴未艾。

时代的发展有一个从量变到质变的过程,在量变中蕴含和孕育着质变,质变是量变的必然结果,同时又开启新的量变。职业教育的发展如同我国发展新的历史方位的判断一样,遵循质量互变这一哲学规律。

二、选准瞄准校企"命运共同体"的视角

命运共同体一般指人类命运共同体(价值观)。在此把它借用到工学结合、产教融合发展的职业教育改革与发展方面,可以说,学校与企业之间、产业与职业教育之间也是一个"命运共同体"。

人类只有一个地球,各国共处一个世界,要倡导"人类命运共同体"意识。2012 年 11 月中共十八大明确提出要倡导"人类命运共同体"意识。习近平就任总书记后首次会见外国人士就表示,国际社会日益成为一个你中有我、我中有你的"命运共同体",面对世界经济的复杂形势和全球性问题,任何国家都不可能独善其身。"命运共同体"是中国政府反复强调的关于人类社会的新理念。2011 年《中国的和平发展》白皮书提出,要以"命运共同体"的新视角,寻求人类共同利益和共同价值的新内涵。

职业院校应当按照自身人才培养模式的具体需要,主动地与产教融合型的企业在人才培养、技术创新、就业创业、社会服务、文化传承等方面开展合作,积极为企业提供所需的课程、师资等资源;产教融合型

企业也应当依法履行实施职业教育的义务，利用资本、技术、知识、设施、设备和管理等要素参与校企合作，促进人力资源开发。在校企双方的合作中，无论合伙式、合作式、融合式、互助式抑或探索新的合作模式，只要双方本着"命运共同体"的理念，站在共同利益、共同价值的新视角，职业院校与产业企业之间，都必将有新合作新融合、新时代新境界、新理念新担当。

在推进校企"命运共同体"发展的过程中，我们要注意以下新问题。一是厚植企业承担职业教育责任的社会环境，在社会主义核心价值观的框架体系与"新视角"下唤醒企业的责任与担当意识，以最大的组合式激励让企业与职业院校连心连利，共赢发展。二是职业院校要摒弃校企合作中的眼前成本利益核算的"小算盘"，在"新视角"下放眼职业教育和新时代大环境的大变局，要有大格局、大胸怀，不算小账，不贪小利，努力在命运共同体中找到自己、看清对方，力争"你中有我、我中有你"，校企一体化，产教一家亲。三是面向未来，校企都在一条船上，"一荣俱荣、一损俱损。"面对职业教育的大变革，校企均面临着新机遇，共迎新挑战，密切组合、深度融合、校企一体是不二的选择。至于在未来的道路上齐步走还是分步走，全融合还是新融合，浅合作还是深合作，这些都是"术"，在职教新时代万事万物只有一个"道"，那就是以校企"命运共同体"的视角重新审视职业教育的新发展。

三、主动探寻"校企新合作"的境界

《教师的五重境界》这本书在谈到教师的境界时，按照教师的发展轨迹和成长路线，将受人尊敬的老师和"人类灵魂的工程师"的教书育人划分五个层次，分别是教重点、教方法、教状态、教人生、教自己。马斯洛的人的需求的五层次理论：生理需要、安全需要、社交的需要、尊重的需要和自我实现的需求。比较两者的异同，我们看到最高的需求都是自我层面。从此受到启发，我们就真正理解了校企合作的难点

与重点，抓住了问题的实质，看清了本质的东西。在职业教育大变革的新时代，校企双方在长期的发展中，突破固有的藩篱与自我革新革命是至关重要并且是难上加难的，但同时也是我们绕不过的坎，回避不了的棘手问题。

院校与企业不是没有愿景的"冷血动物"，在全面深化改革的背景下，在中国特色社会主义发展的新时代，无境界、无文化、无新视角、无新担当的学校与企业都将没有大发展的空间。"中国特色"、达到"世界水准"的职业教育新要求以及深化供给侧改革和新时代产业生力军的培养、新型职业农民的打造、新型产业的人才培训等都不是浑身"干净"与不主动"作为"能够满足和实现的，更不是"划江而治""楚河汉界"分明能够独善其身的。

为此，我认为主动探寻校企"新合作"的"三个高境界"是校企双方必须具备的：第一，叩问初心。无论学校还是企业，发展是为了什么？发展的支撑在哪里？发展能否离得开对方？这些问题恐怕在"职教20条"有了明确的答案——双方都要主动寻找方略。第二，价值取向。校长与企业家都是中国特色社会主义新时代的行业领军人物，无论国家、社会和个人层面核心价值观都是要受到感染和熏陶的，他们都要带领自己的团队来践行和遵循。企业文化和学校文化本身就是人才培养文化和接班人文化的一体两面，立德树人、敦品励学与工匠精神、劳模精神从来也都不是对立的，所以，校长与企业家以及他们引领的团队、践行的活动从价值取向上是高度一致的。第三，"20条共识"。"职教20条"是凝聚我国新时代产业生力军改革培养的大智慧，校企双方均应在此形成高度的共识。校企双方都应该是主动践行"职教20条"的先行模范。如若达到这般境界，校企融合之路必将如雨后春笋，漫山遍野，茂盛生长。

四、共建共享"高速路"的担当

邓小平有句名言："不干，半点马克思主义都没有！"校企双方为当下职教新时代的特征"把脉"，站在校企"命运共同体"的新视角，凝聚"职教20条"的共识，主动探寻新合作的"三个高境界"，注定在推动校企融合的领域里大有作为，共建共享"条条大道通罗马"。

其一，专业合作层面：一是新专业马上合作；二是优势专业新合作；三是改造专业重新合作；四是校企互易后的再合作。

其二，师资合作层面：一是校企兼职兼薪，易岗易薪；二是校企互借互用，走动频繁；三是深入系统培养与兜底发挥余热相结合，实做与创新相结合；四是双师与双能考核使用相结合。

其三，课程合作方面：一是职业精神与工匠精神的联合培养合作；二是线上与线下学习指导合作；三是书本内容与岗位技能的取舍增减联合决定合作；四是评价与督导的实质性合作。

其四，基地合作方面：一是生产线或车间、场站的共建合作；二是资金、土地、技术等与专家、科研、人才培养等的合作；三是弹性学习与转岗就业再学习合作；四是联合生产、共谋发展方面的合作。

其五，研创合作方面：一是新产品、新工艺、新技术方面合作；二是疑难杂症研究攻关方面的合作；三是新市场开拓方面的合作；四是现代学徒制方面的合作。

其六，培训服务方面合作：一是"1＋X"证书方面培训合作；二是职业资格证书方面的培训合作；三是社区服务方面的联手合作；四是创业就业孵化方面的校企合作。

其七，"联姻"式深度合作：一是建厂于校式的合作；二是建校于厂式的合作；三是共建新址式大合作；四是开拓新领域式体制创新型合作。

其八，一体化融合发展：校企一家，产教融合，共建共享，共担共赢。

中国教育慈善家、商业模式首席设计师、现任中网时代网络科技教育集团董事局主席严兆海先生深谙当今时代的教育与企业发展模式。他认为，"大众创业、万众创新"，一个人能够与多少人合作，就能够成就多大的事业。无论创业还是转型，一个组织要想取得成功，在个人英雄主义已经过去的时代，就必须合作。只有合作，才能结成联盟；只有结成强大的联盟，才能形成事业与最终利益的"命运共同体"，才能无愧于这个伟大的时代。校企新合作也不例外。

（2019 年 3 月）

对"建校于厂"模式下"技能元" 教师质量管理的实践与思考

一、"技能元"教师管理的学校背景

（一）"建校于厂"的校企融合模式

近期国家六部委印发了《国家产教融合建设试点实施方案》。在这个方案中重点强调了要通过试点在全国建设 50 个左右的产教融合型城市，初步考虑力争每个试点城市建设培育 100 家左右产教融合型企业，并带动其他地区建设培育5000家以上的企业。在这样的背景下，产教融合模式的企业必将越来越多，越来越规范。同时，这也必将给我们今天研讨的课题"双元结构教师小组"中教师队伍的建设带来很好的契机。

我校在校企合作方面取得了较大的突破。"建校于厂"的校企融合模式已经运行了一年，效果良好。我校在尝试"双元结构教师小组"合作教学方面，积累了许多丰富的经验，也成功地闯出了一条新路，即"融合"之路的四部曲：容—溶—融—荣。具体来讲就是，要有大肚能"容"的度量，要有像水一样"溶"合他物的载体，要有"融"为一体的本领与手段，要有双方不可分离之后双赢发展的"荣"光。

（二）关于学校"技能元"教师的现状

我认为"技能元"教师的来源主要有三种情况：第一种是来源于校企合作的企业；第二种是学校自己培养转化部分技能较强的相关教师；第三种是从头培养新进的青年教师或从高等职业学校毕业生中择优选拔。"技能元"教师的年龄有老、中、青三种情况，他们在校企合作技能教学中，也有三种心态。第一种是临时心态，这部分人往往年龄偏大或能量超大，能否长期合作要看综合因素。第二种是摇摆心态，这部分人，他们的去留主要看感情、看待遇、看机遇，也许他们可以长久在这里干下去，也许这里就成为其事业发展的跳板。第三种心态是铁心要做职业教育的人，给他们搭建好发展平台、帮助他们规划好职业生涯是我们的中心任务。

当前，我国的事业单位聘用制改革逐步走向深入，也已开辟了高层次人才岗位聘用"直通车"：如对公开招聘的全日制硕士以上学历人员，符合岗位任职资格条件的在首次岗位聘用时可不受单位岗位结构比例限制；对引进的高层次专业技术人才，在没有相应岗位情况下，可按照我省事业单位特设岗位有关规定设置特设岗位。

同时我国事业单位职称申报渠道也进一步畅通，进一步打破户籍、地域、身份、档案等制约。如从 2019 年起，在河南工作满 6 个月且与用人单位（含中央驻豫单位以及在河南域内注册的省外分支机构）签订了聘用合同或者劳动合同的专业技术人员，按照属地（注册地）管理原则，均通过本人工作单位申报职称评审（《河南省人力资源和社会保障厅关于 2019 年度全省职称评审工作有关问题的通知》，2019 – 09 – 26）。

我国事业单位还进一步明确了对延长退休年龄专业技术人员的岗位管理。对经组织批准延长退休年龄的高级专业技术人员，在岗位设置变更和聘用时，可不占本单位相应专业技术岗位结构比例。

诸如以上好消息，对"技能元"教师的来源结构与成长发展都是非常有利的。学校或企业均应提高认识，及时跟进政策，发挥积极作用，营造良好的"技能元"教师管理的浓厚氛围。

二、高质量加强对"技能元"教师的管理

（一）握紧两个"一把手"，完善顶层评价设计

"技能元"教师的管理被列入一把手工程，不是小题大做，而是人

才竞争的需要与根本。为此，校企两个"一把手"要紧紧握在一起，建立起有效的校企合作常态会见协商机制。具体到"技能元"教师的管理，注意以下三方面。其一，技能教师的"两项待遇"——家人待遇和最美待遇。家是月亮，校企合作之路虽远，但可大胆放心走；家是太阳，普照万物，滋养众生，没有区别。无论你来自哪里，但你今天在这里，"校企融合"之家就都会让你这个"技能元"教师享受到一家亲的温馨。最美待遇，说的是要认识到"技能元"教师是一类创新型的教师群体，是合作教学新模式教学的主要担当者，在他们的辛苦努力下最有可能把"三教改革"落到实处，理应享受最美教师相当的待遇。其二，技能教师的"三化要求"：第一是"专业化"发展要求。"技能元"教师首先是教师，当然不能脱离职业教育教师发展的3个维度、15个方面、60条基本要求，任何对教师职业操守的规范和信息化水平提升的要求，同样适用于"技能元"教师。第二是关于对"技能元"教师的"同化"与"异化"设计。同化就是努力相容，再相融；异化就是特色鲜明，个性突出。这是对"技能元"教师符合共性与个性相统一的原则这一矛盾的必然要求。第三是"技能元"教师要有"四感体验"，即获得感、尊重感、归属感、认同感。"技能元"教师是一群新生事物，有生命力，有朝气和希望，但同时又比较弱小，没有深厚的基础与同盟军。在对他们的发展与管理要求方面就要格外注意校企发展的获得感、诚信劳动的被尊重感、情同手足的归属感以及他们对职业教育的认同感。若此，通过"三化要求"和"四感体验"这些标尺，我们才可能丈量校与企、理与实教师之间真实的距离。

（二）兼顾长短期培训，丢掉临时性观念

教师的提升离不开培训，"技能元"教师的培训应有别于一般的教师培训。首先，要着眼于打造专家级大师的目标。根据"技能元"教师的特点，没有精益求精的工匠精神，没有一丝不苟的严谨作风，没有吃苦耐劳的意志品质，我们就很难把控与完美呈现"技能元"教师的特色元素。其次，要设计超严格的"规培"程序。规培一词被广泛应用于医学毕业生上岗前的"硬"要求。针对"技能元"教师的业务培训一点也不能含糊，其丝毫不差于医学方面的要求，否则，我们就是对"技能元"教师的忽视与放任，后面没有"好果子"可吃。最后对"技能元"教师培训要有看得见的"诗和远方"的设计。用一句话来说就是，低头干活是常态，抬头看路是引领，对美好生活的向往是建设"技能元"教师高质量群体的现实需求。

（三）并用补短与加长的手段，让个性与共性一起发展

"技能元"教师是一群特殊人才，我们对"技能元"教师的质量管理不能一刀切，更不能随波逐流，而是应该在充分尊重个性发展的前提下并用补短与加长两种手段，用尽人之长，用底线思维方式，让"技能元"教师最大限度地获得纪律约束下的自由，这就是让鱼儿畅游江河，让鸟儿飞翔蓝天。故针对"技能元"教师管理的指标主要体现在以下三个方面。其一，创新型的人才用创新型的考核指标，绩效的体现方式可以有数量、质量、效益、数据、满意度、社区、客户等。其二，补短不是补齐所有的短板，而是选择性地恶补非补不可的短板，这样才能最大限度地解放"技能元"教师；加长主要是选择性地加长能够出彩的长处，对"技能元"教师的评价随之也要相应地调整，如若量化也必须在权重比例中有所考虑，否则，就不是对"双元结构教师小组"中"技能元"这一群教师这个新事物应有的态度，当然这一新事物也就没有强大的生命力和远大的发展前途。其三，包容"技能元"教师的出身与学历，将技能的文章做到底，即评估合作以前的技能成绩，看中技能职业积累的经验，提供技能发展的更大平台，量化技能成长的"创新"指标，让技能老师的浑身解数尽情释放，不忘我们设计"双元教师结构小组"的初心与使命。

（四）应用校企矛盾的两属性，构建理实教师的同生长

日本教育理论家佐藤学教授提倡学习共同体。学习共同体的两个核

心理念就是平等和倾听，学习共同体的构建是对学习小组的优化和创新；与小组合作学习的一体性学习相比，学习共同体追求的是差异性学习。我主张，关于"双元结构教师小组"实际上两元之间的关系分析，宏观是产教，中观是校企，微观（主要指来自企业的"技能元"教师这种情况）是理论教师与技能教师之间的关系。无论谁，都具有矛盾的两个属性：同一性与斗争性。管理"技能元"教师，不可忽视的是正确应用矛盾双方的这两个属性，最大限度地调动教师的积极性，这也是评价和管理教师的最好手段。教学对象随着市场对人才的需求变化而变化，无论对一体化学习的倡导者还是对差异性学习的主张者，更重要的都是学习效果的评估。

真正的生长共同体，就是指一个所有成员都能够有道德、有效率地自由生长的紧密联系的整体组织。生长共同体的活动形式更加丰富多样：民主生活会、学习互助会、问题研讨会、组内生活餐、社会调研组、项目实施组、畅谈理想会、任务协调组、助弱帮扶组、游艺活动组、目标制定组、心理疏导会、研学旅行组等，联系到"技能元"教师所在的小组合作教学，实际上同学习小组的构建有异曲同工之妙。教师结构小组与生长共同体似乎更接近一步，教学与学习毕竟有教学相长之说啊，故在此提到让"技能元"教师在结构小组中成长与进一步管理的问题。

"技能元"教师的质量管理是一个长久的命题，伴随着职业教育大发展、高质量发展以及内涵式发展的新要求，专业现代学徒制、企业新型学徒制、"1＋X"证书制度实施和"双高"工程建设的广泛开展，将是一个技能教学重中之重的任务和使命。同时我们应看到"技能元"教师的质量管理又是顺利开展上述工作的抓手，多想办法，不断探索，一定会看到希望，要让"技能元"教师"石上磨刀见功夫，多建平台快成长"，相信我们流下的是汗水，收获的一定是栋梁。

（2019 年 10 月）

完善职业教育质量评价的
思考和建议

  2011 年 6 月 10 号，由教育部职业与成人教育司副司长王扬南代鲁昕副部长给 2011 年度第一期中职校长改革创新研究班全体学员上了第一课；次日，我们 7 班的全体同学在班长的组织下，于专家公寓六楼会议室进行了激烈的讨论；6 月 12 号，邢晖老师（总班主任）将鲁部长的 PPT 课件放在"校友天地"的平台上与所有学员共享并继续深入地学习。我感觉收获颇丰。

  具体说来，有以下三点。

  第一，我对新时期职业教育面临的新形势、新任务、新目标、新要求、新机遇、新挑战更加清晰和明确，从全球、全国、全局、全面的角度重新审视了职业教育；第二，我对职业教育的中国特色、世界水准的体系建设能从更高的层面理解和认识，对中国职业教育的类型定位更加期待，对中等职业教育的"大力发展""更加突出"又有新的战略思考；第三，坚定了我从事职业教育的决心和恒心、干好职业教育的信心和勇气，激励了我在职业教育的天地大有作为的理论探索和积极实践。

  下面，我主要就鲁昕部长讲座的第三部分关于"制约职业教育质量提高的 14 个因素"之"改革学生评价模式"谈谈自己的粗浅认识。

  我认为对中职学生的评价在坚持"以人为本、素质教育"的战略主题和落实"德育为先、能力为重、全面发展"的育人要求以及"建立完善的评价机制"的前提下，重点考察学生的"职业道德、职业技能、就业创业能力"三个方面纲领性的宏观的内容，具体微观的可操作层面的对中职学生的评价改革补充考虑以下九个方面可能效果更好一些。

第一，分层评价。职业教育面向的是人人教育，当前我国中职招生的各种困难，前几年中职学校规模发展的现实以及对口升学、就业定向、一年制高中后教育等现象并存的情况，都使我们对进入中职学校学习的学生必须进行分层评价。

第二，过程评价。高中学生的一考定终身的评价办法应该在质疑声中不断改进，自主招生虽然需要完善，但可以肯定地说这是对前者的渐变的举措。中职生复杂的身份来源决定了我们不能以最后一考或技能一测进行评价，加上顶岗实习制度的落实，我们的教育对象在有限的在校时间里就更不能达到既定的评价要求，重点考虑过程评价并跟踪管理实习环节就显得十分可贵。

第三，多元评价。评价的内容是多元的，评价的组成是复合的，评价的方法是多样的，评价的结论也是多层的。过去简单的 ABCD 的评价、非此即彼的评价、肯定否定的评价以及简单、简化、分数、统一的评价模式面对今天的中职教育都显得苍白乏力。

第四，重德评价。多少企业家都针对中职毕业生发出了"宁愿要听话的不愿要跳槽的，技术不过关我们出资培养，品德不过关直接退还"的呐喊。在多年的规模效益的前提下，在招生难的背景下我们自己都承认在德育教育方面欠账太多，如果不能在评价方面倾斜一下，恐怕我们还要温习邓小平同志"最大的失败在教育"的话语。

第五，人文评价。态度、情感、价值观的评价是新课改的有效成果。高中阶段的教育的特点必须让我们清醒，中职仍然是未成年人的教育，企业化的、职业化的、师徒式的都不是学校教育。我们是灵魂的工程师，不是简单的技能师傅，任何时候都不要因强调技能而忽视人文的关怀及评价。

第六，差异化评价。因为就业的低层次、反复性，学生的可塑性、多变性，社会的复杂性和中职生成长的特殊环境影响等，我们不能评价结束就盖棺定论，伴随时间的推移、条件改变，我们的评价也应当变化，这是由矛盾的特殊性决定的。

第七，实践评价。根据职业教育的特点，做中学，学中做，工学结合，理实一体，职业学校的培养目标是岗位需求的技能型应用人才，因此，我们的评价应倾向于能不能、行不行的评价，而少倾向于纸质书写的理论上或口头说明的评价。

第八，个性评价。中职教育是专业或专业方向培养和教育，大部分学生来到学校的目的是清晰和明确的，对未来的职业生涯也有规划和设计。伴随着环境的迁移、个人成长的变化，其对职业的理解和对职业的选择会进行调整，爱屋及乌、"纵向疯长"和"感时花溅泪、恨别鸟惊心"的两极分化现象是正常的。我们的评价也要有所体现。

第九，成功评价。这是一个心理学的评价，也叫自信评价或引导性评价。我们的学生在九年义务教育阶段很少得到成功评价，他们从心里渴望成功和自信。我们所做的一切工作不就是培养成功的合格技能型人才吗？所以用成功支撑成功，用小成功汇聚大成功，让更多的中职生昂首挺胸地走出校门，自信成功地进入工作岗位，那么，我们一切的评价就是全面科学的评价了。

关于评价问题，以上谈及的有特征、性质、内容、方法等，没有在分类上细致研讨，我总觉得在学生的评价问题上应改革创新、与时俱进，结合专家讲座，更多的是结合自己学校的工作实际，提出以上评价，不知道是否有参考价值，还望各位不吝赐教。

（2011 年 6 月 12 日，北京，国家教育行政学院）

压担前行的三年校长助理工作

2002 年上半年，学校党委会研究决定，由我分管新乡工业贸易附属学校——平原中学（初、高中）的工作。我尽管是师范学院政治教育系科班毕业的，也有着十二年中专教学、管理的经历，但仍然感觉压力不小，担子不轻。经过慎重考虑，仔细分析，对照客观条件，自我鼓足干劲，我没有推辞，比较愉快地接受了这一富有挑战性的工作。近三年来，我与中学的领导班子以尊重为前提，以合作为手段，以合力为目标，以干事创业为动力，积极营造愉悦的工作氛围，团结中层干部，带领全体专、兼职教师讲奉献、讲质量、讲人格、讲风格，有力地推动了平原中学的各项工作顺利开展，较好地实现了学校"一体两翼"总体办学思路，达到了家长、学生、社会三方面的满意。2004 年春天，平原中学荣获新乡市综合办学评估"一类学校"；2004 年 3 月获新乡市"优秀团委"荣誉称号；2004 年秋天，平原中学初中、高中升学成绩优异，连创新高。我本人在 2004 年教师节前夕也获得了"河南省优秀教师"的殊荣。值此年头岁尾，我认真总结过去，准确把握今天，科学思索未来，于己及所从事的工作不无裨益。

一、坚定政治思想，坚持理论学习，坚决抛弃浮躁

在近三年的工作中，特别是面对着新工作的挑战，始终有一种指导思想在激励着我，那就是"只要思想不滑坡，办法总比困难多"。我认为有效地遏止思想滑坡的做法有三条，即坚定政治思想、坚持理论学习、坚决抛弃浮躁。首先，江泽民同志把"讲政治"放在"三讲"中的第一条，即充分说明作为一名领导干部任何时候都不能轻视政治思

想、政治观点、政治立场、政治方法，以及政治敏锐性、政治鉴别力。当前我国的最大政治就是立党为公、执政为民，一心为民，全心利民，全面建设小康社会，努力提高人民群众日益提高的物质文化生活水平。一个学校讲政治要体现在与学校党委保持一致，凭党性干工作，发挥党员干部的模范带头作用，发挥党组织的战斗核心作用，把全部的精力和智慧应用到干事创业的工作中来，努力提高学校办学的社会效益和经济效益。为此，我时时告诫自己要坚定共产主义的信仰，要牢记党的全心全意为人民服务的宗旨，要为保持党的先进性而不懈努力，较好地践行党的"三个代表""权为民所用，情为民所系，利为民所谋"。虽然我做不到大公无私，但我可以毫无愧色地说可以做到公而忘私。因为我深深地知道，天地之间有杆秤，那秤砣就是老百姓。一个领导干部有几斤几两，绝不是靠自我吹捧的，我们党鲜红的旗帜上始终浸染的是为人民服务的汗水与血水。其次，我认为要坚持学习，这一条要真正做到说难也易。只要有心安排，有计划实施就有成效。两年来，结合工作与教学的需要，我读过的书籍有《中学班主任与心理指导》《两性之哲学》《细节决定成败》《毛泽东思想概论》《新教学论》《毛泽东词辞笺析》以及《领导科学》杂志，还利用业余时间广泛涉猎文学、历史等方面的书籍，以不断提高自己的理论素养及驾驭学校管理、教学和语言文字的能力。此外，对学校党办安排的政治学习任务，我心态好，勤学习，做笔记，多思考，也取得了不错的学习效果，特别是对党的十六届三中和四中全会精神的领悟、对公安战线不倒的丰碑——任长霞的先进事迹的解读、对新时代的"愚公"——张荣锁的理解、对供销社二次创业的楷模——林州市"扁担精神"的领会，均有独到之处，自我感觉也颇有收益。最后，在两年的实践中，马银生校长提出的口号"工作是幸福的，奉献是快乐的"，我暗自将其视为座右铭，并落实到行动中，幸福地工作，快乐地奉献。只有有了这样的认识，工作起来才能务实，才能讲真，才能不计报酬，才能心安理得，最后才能做出满意的成绩。我一直认为，一个人心浮气躁是干不好工作的，更难做出工作成绩。因此，加强思想修养，"吾日三省吾身"，不断自我批评与自我斗争，这是做好一切工作的重要基础。

二、主要工作思路与工作实践

（一）抓开头，鼓舞人心，严奖惩，公正合理

在《成功营销学》中有一句话是"只要开始，永不为晚"。我相信它，并实践它。在平原中学工作，层次多，头绪多，学校性质差异大，生源质量差异大，幻想"一口吃成个胖子"是行不通的，急功近利的做法更不可取。因此，我的工作思路就是一切都要从头开始，要跨出第一步，一步一个脚印，踏踏实实，日积月累，方才符合辩证法的逻辑。每学期的开学典礼，我都要有书面发言，都要谈上学期的工作成败、本学期的工作思路，都要讲校内外的工作环境、省内外的学术动态，劝勉有成绩的师生戒骄戒躁，拉动落后的层次群体迎头赶上，让每一个置身平原中学的人都有发展的空间、都有明确的目标。我坚持重奖有突出贡献者，严罚违纪拖拉造成工作被动或重大损失者，完善民主评议程序，公开透明，合情合理，以理服人，收益甚好。

（二）紧抓质量这根弦，升学成绩有突破

2003 年平原中学有第一届初中毕业生，2004 年有第一届高中毕业生。"年年岁岁花相似，岁岁年年人不同"，我的工作始终不敢墨守成规，因为接踵而至的新事物正不断地向我挑战。我与平原中学的决策者，牢固树立"质量就是生命，生源就是财源"这个观念，关注重点学生的成长，鼓励他们参加学科竞赛，适时举办培优补差班，合理安排双休日，加强家长会的指导，在学生中开展诚心与爱心的教育，在教师中实施"青蓝工程"，不断引进先进教育理念，如河北衡水的经验、江苏洋思的做法，努力营造毕业班教学管理的氛围。经过全体师生的共同努力，教学质量逐年稳步提高。特别是在今年的中考中，我校实现了零的突破，上省市重点线 4 人，各科平均分在新乡市同类学校排名中跃居

前列；综合高中首届毕业班学生参加对口升学，专科上线率100%，其中崔会娟、高利丹、张继强、孙玉亮等四名学生达本科录取线，创下我校对口升学新纪录，大大丰富了学生就业、创业的内涵。

（三）常抓师德、师风，举办才艺大赛，注重教师队伍建设

学校工作中学生是主体，然教师是根本，师德、师风影响学风、校风。认识到这一点，我与平原中学的其他领导统一了认识，提高了决策的针对性，注重教师队伍建设。其体现在：其一，制订详尽的师德、师风学习计划，周四下午的教师学习日不变并强化学习内容；其二，借市教育局开展的向优秀教师吴玲学习的东风，学先进，找差距，挖掘身边的典型，用好榜样以示范带动；其三，广泛开展学习讨论，以教研组为单位，教师人人有笔记，有心得，全部交流，择要发言，这可谓深入人心，触及灵魂，落实行动，遍地开花；其四，教导处适时出台"文明教师规范用语""中学生十不准"，各班级纷纷制定学生百分制考核细则。通过以上活动的开展，我的体会是抓住了"纲"，带动了"目"，讲师德，学风正。教师人人通过才艺锤炼教学艺术，学生个个规范行为争做文明使者，平原中学的各项工作井然有序且生机勃勃。

（四）盯"细节"不误大事，用"宣誓"创新管理

目前国内企业营销管理方面炙手可热的人物——汪中求说："天下大事必作于细。"海尔集团董事长张瑞敏先生讲："把每一件简单的事情做好就是不简单，把每一件平凡的事情做好就是不平凡。"我在平原中学的工作方针也正是做小、做细、做平凡的工作，将其应用到工作中就是管理工作盯细节，重点过程重点盯，周周评，月月报，先进落后见分晓。为此，我与冯德容同志共同商讨了班主任工作考核办法，值班工作新办法，坚持晨会、周日例会，学生处也印发了10余种班主任、生活老师以及班级量化考核表，校团委坚持不断地开展"月评十件好人好事"，黑板报、广播站、主题班会、校舞蹈队、校合唱团等活动考评均有细则。特别是"关于中学生思想道德情况的问卷调查"，参加人数

400 余人，数据全部经过计算机处理，我认为经过细致的研究分析，得出的结论必将为今后中学的共青团工作提供理论支持。在教学方面，我的具体要求是"腿勤、嘴勤、主动服务"。经过教导处相关同志的整理，共有 18 个环节连接着教学管理的全过程，让我感到欣慰的是，尽管中学教导主任易人，但教学管理的质量丝毫不减。值得一提的是，经过我提议，学校创新地实施毕业班"宣誓"环节，提高师生向目标靠近的昂扬精神的做法以及细化升学奖励的公正合理做法均收到良好的成效，在重点细节管理中不失为成功的经验。

（五）落实素质教育，EQ 与 IQ 并举，培养合格加特长人才

科学理解素质教育是实施素质教育的重要环节。素质教育不能光喊在口头上，也不能重形式"轰动"几下，更不是借素质教育来降低教学质量的要求。我在平原中学的做法集中体现有六点：一、要思想解放，敢为人先，创新思维，与时俱进；二、要科学定案，即拿出切实可行且行之有效的落实方案，要坚持"适合自己的才是最好的"这一点；三、要稳步推进，扎实运作，既不要揠苗助长，也不要畏难退缩，既要坚定信念，又要求真务实，具体问题具体分析；四、要以点带面，点面结合，多点互动，面面相辅，注重榜样示范，又要有做深入细致的思想工作的准备；五、要能放能收，总揽全局，驾轻就熟，力避冲淡主体、离题万里或走偏走弯以致得不偿失；六、要及时反馈，修补得当，不断完善。凡事有利有弊，素质教育特别是 IQ 的认知与理性的实施不能幻想毕其功于一役。费心劳神，夙兴夜寐，非言殚精竭虑，然勠力同心聚精会神是必不可少的。因此我们要虚心加耐心，诚心加用心，才能达到理想的彼岸。

（六）主动交流收益多，互动学习提高快

交流是有益的补充，学习是终身的任务。我的观点是鲜明的，且身体力行，首先严于律己，然后严于对人。根据平原中学的实际情况，先后主动交流学习的对象有：市一中、市十中、市化纤厂中学、河北衡水

中学、江苏洋思中学、北京四中、市二十二中、市铁一中等。在互动学习方面开展的活动有："青蓝工程"、青年教师才艺大赛、老教师的示范公开课、师德学习专题材料、例会学习、心得交流会、论文交流会、网络学习等。通过交流学习，大家各取所需，有重点地培养了一大批青年骨干教师，同时，有经验的老教师也拓宽了思路，更新了观念，重新审视自己的教学手段，可谓互动受益，效果颇佳。据不完全统计，平原中学自建校以来从这里"飞"走的优秀教师不在少数，现在他们在省市重点学校里如鱼得水，我心酸的同时略带欣慰，这从反面证明了这里的教师素质是过硬的，教师交流互动学习的方法途径是有效的。

（七）以人为本，情理交融，和谐发展

人是生产力中最积极、最活跃的因素，以人为本就是在尊重人的前提下，充分地挖掘人的潜能、调动人的积极性。一个管理者缺乏应有的人文关怀必将失去最起码的人心，达不到理想的管理效能。在平原中学两年的工作实践中，我十分注意这个问题，也认真遵循这个规律，以调动方方面面工作的积极性，这里包括老教师、青年教师，在册教师、聘用教师、代课教师、全职教师以及生活教师、工贸兼职教师等。在具体问题处理上，我坚持的原则是先讲理，再讲情，明确事理又不感情用事，是非清晰又以理服人，以人为本且以情感人。对中层以上干部，我既严格要求又关心爱护，既充分尊重民主的权力，又在民主基础上科学地集中，并坚定地贯彻落实集中的意见，保证一个声音，保持一致看法，保留个人意见，保护工作积极性，以求得和谐发展的内外环境。

三、正视不足和遗憾

1. 工作阅历浅，知识积累少，管理的水平有待提高，领导的艺术不甚娴熟。工作中热情有余，昂扬精神过足，有时适得其反，耐心就似不够。

2. 有客观的大气候的影响，有学校总决策的大政方针的原因，当然也存在自己主观上的努力程度因素，平原中学的招生工作始终不能令人满意。

3. "孔雀高飞"一直是影响稳定乃至教学质量的关键因素，自己主观上不够重视，献策不力，以致教师外流现状长久不能改变。

四、思考与建议

1. 坚定不移地执行学校"一体两翼"的发展战略。市场经济千变万化，然而有准备的头脑能战胜一切艰难险阻，只要我们坚定信心，务实求新，真抓实干，必然前途光明。

2. "适合自己的是最好的。"在公办民助学校的实践中，我们似乎找不到同类项，无论对师资力量、人员经费、管理体制、招生升学等都是在不断地探索，因此，就要胆子大，要做就非成功不可。所以，打造中学特色势在必行！教师要有自己的队伍，学生、教学管理要完全"中学化"，政策要用到极致，发展的空间要足够大，条件要尽可能地满足，上规模，出成绩，见效益，树形象的时间周期要尽可能地短。

3. 继续加大投入，积极鼓励扶助。今天的中学并非成熟的，骨架是有了，可离一个坚强的有机体差距仍不小，"精品工程"的打造需要精品教师与尖子生的成绩来证明，这一切的确不能急功近利，大家必须提高认识，统一思想，否则半途而废或中途转轨均是下策。

4. 责任、权利紧紧结合。落实权利与责任的对等原则，实行多劳多得、优劳优酬，彻底打破大锅饭，推进多种要素参与分配的方式，做到人员基本稳定，目标必须确定，抓大放小、灵活机动、最大限度地调动工作积极性。强力推行人事代理、合同聘用、低职高薪、特殊重奖等措施。

5. 更新观念，思想解放。求稳怕变保平安不适合目前工贸学校的实际。在我校连续跨步上台阶的大氛围中，中学的发展也必须跟上。我们要树立做大事的决心与信心，唯唯诺诺，瞻前顾后，举棋不定，坐失良机的情况没有市场。所以，我要求凡在中学工作的同志要进一步解放思想，必须将"混日子""打工"的人员坚决清除。

6. 借势造势、借船下海值得考虑。中专要发展，3＋2进一步扩招，我校变高职院也可能变成现实，资金的大量投入是必然的。那么中学怎么办？高中与对口升学可以并联考虑，初中是否可以与名校联办，甚至依托名校办学？我不能预言未来的态势，但事在人为。在市场经济中，干任何事情，只有爱拼才能赢，强抓机遇方能发展，积极思考才有出路，勤力同心才会好戏连台。

当然，一年来，我作为学校领导班子的一员，还积极参与了学校其他一些管理工作，如：英语村、夏令营、文明创建、国家级重点中专评估以及招生、就业、军民共建、四十周年校庆，并始终如一地做好教学第二党支部的党务工作。我在工作中能做到统筹兼顾、协调有力，其效果良好。我努力履行一个校长助理的工作职责，从没有丝毫放松对自己的严格要求，力争树一个学习型、开拓型的年轻干部形象。我相信天道酬勤，我更能在工作实践中创造条件、强抓机遇、干事创业。尽管在我身上仍存在缺点与不足，但做事不成功的遗憾必将越来越少。我会虚心接受同志们的批评与帮助。

（2004 年 12 月 20 日）

实践中应用社会心理学的
三点思考

1. 对同样的行为，为什么行为者与旁观者对原因的解释往往有差异？请用身边的实例加以说明。

答：社会心理学对社会认知的归因理论主要的创始人是海德，其观点为每一个人都对各种行为的因果关系感兴趣，导致行为发生因素有两个：一是行为者的内在因素，如能力、动机、努力程度等，二是来自外界的因素，如环境、他人和任务的难易程度。在认可这两种因素导致人们行为产生的基础上，琼斯和戴维斯进一步揭示了对应推论说，前提是认为一个人的行为与其特有的内在属性相一致。而凯利的归因三度理论说明，在解释人的行为时可能用到三种形式：归因于行为者，归因于客观刺激物（行为者对之作出反应的事件或他人），归因于行为者所处的情景或关系（时间或形态）。这里凯利指出要重视三种基本信息，即区别性信息、一致性信息和一贯性信息。通过对这三种信息的组合，我们就可以断定引发某种具体行为的原因究竟是来自行为者本身还是来自客观刺激物或环境。值得注意的是，维纳研究的成功与失败的归因，他在海德内外因的理论基础上，还提出了分析成功与失败原因的另一个尺度，那就是把原因分为暂时的和稳定的两个方面。

结合实际生活，评价一个行为的原因的确是有偏差的。我的一个同事在一年中连续被调换了三个岗位，大家的议论集中在他本人的原因，说这个人变了，和以前大不一样，工作态度差，工作能力下降，工作责任心不强，家务事处理不好，不能和学校保持一致，需要领导好好找他谈谈话。他本人呢，也是一脸的无奈，说自己不被人理解，主管领导对他有看法，现有管理模式特别是对他的待遇是不公正的，很是消极，甚至想调离这个单位。我是他的第三任主管领导，还是他三年前的领导，特别是学习归因理论后，我认真地对他的情况进行分析，还专门抽出时间和他进行了一次畅谈，并结合同事们的议论，我认为，针对这个同事行为，产生行为者和旁观者对原因解释的偏差的症结是行为者过高地估计环境的因素，而旁观者忽视或淡化的正是环境的变化。我认为一个行为产生的原因肯定是一个复杂的组合因素，只是有重点和次重点之分，不可否认导致这个同事行为的产生也有内因，即家庭的因素导致的工作不够努力和心胸不开阔导致的工作情绪低落，当然新任领导没有及时主动地与他沟通或许是造成行为后果的另一因素。我感觉现在这个同事的工作是令人满意的，他又回到从前的状态，大家对他的看法正在改变，他自己的认识也上了一个新台阶。

2. 以自己的人际沟通状况为例，分析影响人际沟通效果的因素有哪些？你有那些成功的经验，还有哪些可以改进的地方？

答：我对沟通的语言问题和人的出身比较感兴趣，体会也比较深刻。语言技巧在沟通方面的作用我不否认，我自身的感受是普通话在沟通方面影响沟通的效果作用更大。教师讲课，普通话好、音质优美，教学效果当然不会差；与人说话、交流，地方语言和普通话的效果也是大不相同的。语言是人的包装的需要，在现代社会更是不可缺少的，多一种语言就多了一群朋友。人的出身问题，这里我主要讲成长的经历，确切地讲是来自农村还是城市，在人际交往和沟通中效果也很有区别。不说其他，就是对于在条件基本平等下的谈婚论嫁，农村和城市人在沟通与交流方面也有文章可做。我不是专门搞社会心理调查与研究的，我想建议老师在可能的情况下找到 20 世纪 60 年代出生的中国大学生组成的美满婚姻或失败婚姻中，城市和农村大学生各自的比例，恕我孤陋寡闻，也许老师早有答案，这也许是一个新的课题。我的感受来自我了解的有限的范围，似乎双方为同一种出身的美满婚姻比例要大得多。但愿这一研究成果或者社会心理学的理论能给更多在城市生活的来自农村的大学生以更好的指导。

3. 哪些因素会影响劝说宣传的效果？回想一个你曾试图劝说别人（或被别人劝说）的经历，结果如何？试用有关"社会态度"的知识，分析这次劝说为什么会成功或失败？

答：影响劝说效果的因素有以下几个方面：第一，传播者特性，如专家身份、社会身份、吸引性、相似性、可信赖性等；第二，信息的传播，如单方传播还是双方传播、信息传播的近因效应和首因效应、信息传播的渠道等；第三，被劝说者的因素，如原有的态度、人格特点、被劝说者的信息加工等；第四，情景因素，如信息繁多的情景、令人分心的情景、信息重复的情景。

我们单位是一所中等职业学校，在招生宣传中有很多成功的例子。在和很多家长一起谈到孩子的成绩和未来前途以及无奈的上学费用时，我耐心细致地将国家的政策和职业学校的优势讲清、讲透并举例生动，取得了满意的效果。分析这里成功的因素并结合上面的理论，我认为重要的是传播的特性在起作用，尤其是我作为从事职业教育17年的一个国家级重点职业学校的教学副校长，直接增加了传播的效果。

在实际工作中，在劝说宣传中，我也遇到了不少劝说不佳的事例，举一例说明并分析原因。经过我介绍到我们学校上学的一个异地孩子是一个问题孩子，因为沾亲带故，我对其劝说（包括批评）也就没有讲究方式和方法，最后这个学生离开了学校，这成为我和其父母都感到很遗憾的事情。学了社会心理学的归因理论，我分析重要的原因在于劝说时的情景因素，信息的交织和令人分散的情景直接导致了信息传播的效能。这里也可能存在被劝说者原有态度的原因，我感觉如果我在劝说之前认真考虑、准备充分且选择一下的话，可能结果是另一种情况。

（2009 年 7 月）

两个"一把手"管理
实践的对比思考

我所在的单位是一所省属中等职业学校。作为班子成员，我亲历了两个"一把手"的管理实践，结合管理学的理论，经过认真梳理，得到如下几点有思考的价值。

一、共同的愿景

1. 没有哪一个一把手不愿把学校搞好的，尤其在现在的开放管理大局下，政绩观的思想深入人心。

2. 都是异地为官，注定在我校工作时间不会长久。但在有限的时间里让工作再上一个新台阶是共同的心愿。

3. 年龄相同，知识阅历相近，共同的生活工作经验积累似乎应该有共同的管理思想、管理手段、管理效益。

4. 都是有能力的人，都是在多岗位历练的人。其要么口才好，反应快，人际关系和谐，要么作风正派，雷厉风行，公正无私，在群众中均有较好的口碑。

5. 对我校的班子与群众环境较熟，工作的主要对象基础好，人厚实，刺儿头少，便于开展工作。

二、不同的风格

为表述方便，我将前任一把手称为 A，继任者称为 B。两位一把手均为学校的发展立下了汗马功劳。在具体的工作过程中，我作为班子成员，身临其境，感触良多。

1. A：注重的是情感管理，亲情管理。其大事、小事均与人为善，善良且有一颗同情心，多做好事的行为决策方式使学校在有"硬伤"的前提下工作正常运行。B：倾向于制度化建设，凡事坚持建章立制，依章办事，量化管理，定性分析，也使学校的办事效率稳步提高。

2. A：基本的原则是个别沟通，一把手定调。B：通常是集体议事，按原则办理。他们在学校的领导层均能得到一致性的结果，也均能在有效的时间内沟通交流。

3. A：工作中大会多，主讲多，重点工作亲自抓，往往能够集中物力、财力攻打硬仗，在短期内完成既定工作目标，显示出非凡的组织指挥才能。B：能够合理授权，谁主管，谁分管，分工明确，职责清晰，用铁的纪律，约束各岗位的行为，用强烈的激励措施、科学的评价办法，广泛地调动积极性。这两者的工作效果都很明显。

4. A：能够动用一切社会关系满足教职员工的各种公私要求，总让人有一种受领导关心的情怀，人们都说他善。B：扎实地将学校的各项工作有力推进，让每一个人充分享受改革发展的成果，大家的奖金福利不断提高，多劳多得、优劳优酬的原则得到充分体现，没有人说他不好。

5. A：常说事业家庭两不误，正在开职工大会时可允许有急事者提前退场，但加班工作、应急处理事务时身先士卒，没有人敢退后半步。B：告诫教职工要激情工作，快乐人生，让大家忘我地投入快乐的事业之中，体现人生的价值，但该是谁的事谁干，角色岗位意识是明显的，奉献固然要讲，权责利相结合也很重要。

三、以上是我列举的一个单位前后两位一把手的工作状态描述，本人觉得有以下几点值得思考（姑且称作一把手的成功体验）

1. 管理的理念再好、再新、再先进，检验它的标准是什么呢？是管理的实践，是效果的验证，是老百姓的口碑。

2. 管理重要的是做事，但主要是做人的工作。

3. 人的管理是管理的重点，沟通人的思想，交换人的情感，激发人的工作热情，创造人满意的工作氛围，取得满意的工作效果就是管理的本质。

4. 人的性格有差异，同样的管理对象用不同的管理方式照样能取得一样好的管理效果，关键是要在适宜的环境下选择适宜的管理方法。

5. 在管理手段的运用上，有倾向、有偏重，但决不能过度、失控。我们可以理解一把手亲自抓的示范带动作用，也同样能理解分权后副职工作时一把手轻松的成功体验。万事不可强求一律，但真理只有一个，在管理中，不能有私心，大局为重，顾左看右，协调沟通的确不可少。

四、一把手的素质分析

常有人说："没有把我放在一把手的位置，让我干，我也如此。"实际上，一个组织的重担是不能被当作儿戏的，它是不能轻易尝试的，否则是对上级组织的不负责任，是对学校工作的不负责任。一把手到底应该由怎样的人来担当呢？

1. 不要有明显的瑕疵。好事不出门，坏事传千里，单位的一把手是组织的形象，是公众人物，因此言谈举止、衣着服饰以及兴趣爱好等一定不能有让别人指点的地方。人无完人，但多多注意，留心加小心不难做到。

2. 不要故步自封，邯郸学步。每个一把手在单位组织内部是领袖式的人物，是一般人心目中的偶像，严重地讲是一荣俱荣，一损俱损。如果你没有自己的东西，如管理理念，工作风格，或简单地讲，属于自己的性格特征，你的群众似乎会感觉到你在他们心目中不够伟大。

3. 不要怨天尤人，指责客观。一样的天，一样的地，一样的老百姓，一把手一样要造福职工，一个单位存在的时间都不会是短暂的，绝不能在你这个一把手里消失，所以创造条件也要上，苦干、硬干还得巧干。

4. 不要失信于己、失信于人。当遇到困难挫折时，想想你的施政宣言；当工作得过且过时想想群众热烈的掌声和期待的眼神；当私心膨胀时，要对照检查组织的重托和纪检的利剑。

5. 不要顾此失彼，过头偏激。庞大的组织、复杂的人际关系、千难万险的工作压力，考验的就是一把手的智慧与才干。学会"弹钢琴"的工作方法，学会辩证地思考问题的方法，善抓主要矛盾及矛盾的重要方面。你应既坚强又活泼，既拿得起又放得下，举重若轻或小题大做均是工作手段，永远坚信，将工作管理实践与学习思考永远结合才是不败的源泉与动力。

（2010 年 5 月）

关于事业单位管理改革的粗浅认识

中国的事业单位还不能完全等同于西方的社会事业，当然也不是行政单位。当前党和国家所提出的推进事业单位改革的政策，似乎有行政和企业两种方向，无论从人事制度、工资分配制度改革，还是管理体制，特别是绩效管理等，如果用不伦不类一词似嫌苛刻。党的十七大报告中，在提出开展社会主义政治、经济、文化建设的同时，明确提出大力开展社会主义的社会建设，推进社会主义的事业发展。鉴于此，对中国的事业单位的界定也许是一件中华人民共和国成立近 60 年来在当今国际共产主义运动低谷时很难找到参照物的事情，但长期的中国事业单位的存在，经济欠发达的现状，与发达资本主义国家的制度、文化差异，政治管理体制迥异，使我国在完成"十一五"规划时，党和国家重视的社会建设工程中的重要内容之一——事业单位的改革比较难。难的原因之一是没有参照，更难的事情是目标与效果的缺失，或曰没有绩效考核的办法。目前，在全国上下轰轰烈烈推行的事业单位改革是中国改革开放大气候的产物，是要下决心做出事情的重大举措，但到底要干什么、怎么干似乎没有模式。所以当前我国依然提出了诸如进人机制方面的"老人老办法，新人新办法""逐步拉开收入分配的档次""在条件成熟的时候稳步推进，稳定是压倒一切工作的大局"，产生了经济指标与社会公益行为的冲突以及由此畸形发展带来的事业单位管理思想的盲目和领导干事创业的"混日子""比职位""参照公务员""以收入看政绩"等怪现象，难以在短期内得到科学的评价，多数情况下也就把事业单位的改革流于形式。

对于改革的认识，我的基本观念是：改革不是万能的，但不改革是万万不能的。万能即解决所有问题，但核心的问题是事业单位在社会主义欠发达的特殊历史阶段到底应当承担什么样的社会责任？如果这个核心问题解释不清楚，即使改革是万能的，也只是解决当下的事业单位的眼前矛盾，使其维持下去，短期发展，但没有稳定持久的社会功能的发挥。另一问题是，如果不改革，考虑中国的国情，在事业单位混日子的人员比例就更高了，没有生机活力，缺乏社会责任，加上没有有效监督的权力，腐败蔓延滋生于事业单位是早晚的事情，党的十七大提出的社会建设的远景就难以顺利实现。

因此，基于以上认识和分析，我认为，中国的事业单位管理绩效的提出首要应解决三个问题：一是明确中国特色的事业单位的性质；二是中国事业单位的社会职责；三是中国事业单位的管理规范。

那么，在"中特"理论的大框架下，中国的事业单位究竟是企业还是行政单位，与社会主义的市场经济如何相融合？我是20世纪80年代中期，中国改革开放前20年恢复高考后由国家全包下来的非常受益的那一批大学生之一。我毕业后一直在学校（事业单位）工作18年，由一名普通的中专教师成长为学校的领导，对管理的思考也没少走弯路，许多的困惑难以解开，在此，我厘清思路，感觉对事业单位的改革和绩效管理会有益处。企业是以经济效益为指标核算的，经过近30年的改革，中国的土地上成就了一批企业家，计划经济时代厂长的影子逐渐淡化，许多企业正在遵循发展的规律，一把"看不见的手"（即经济规律）正在发挥着越来越大的作用，政企渐渐被分开，社会主义的企业越来越像真正企业的样子，国营到国有企业的转变基本完成，这是多年企业经营实践探索的有益成果。行政单位的"大"与"全"的功能也在削弱。这里的"大"指的是机构重叠，人浮于事；"全"指的是政企不分，二级机构比比皆是。近年来，行政单位的改革日渐深入，也取得了重大的进展，如：机构精简，高薪养廉，小政府大服务的观念和行为正在被人们接受与认可，但事业单位"不企不政"的尴尬地位仍然困扰着它的管理者。我没有对西方的事业单位认真研究，但通过经历的中国事业单位许多政策的反反复复以及对事业单位改革的模糊目标，我感觉到当下的中国对事业单位的认知情况是不明确的，我可以做大胆的推测，事业单位本身就是介于企业与行政单位之间的一种社会单位，但在欠发达的社会主义国家，尤其是社会主义初级阶段还将长期在中国存在的现实，事业单位的政策环境就应相对稳定，事业单位的情况就要基本明确，事业单位的社会责任和绩效管理才能走上正轨。在中国，企业化管理的事业单位比照公务员发工资的事业单位是两个明显的倾向，如果长此以往显然不利于中国社会事业的进一步发展。

中国的事业单位到底应承担怎样的社会责任？它的权利与义务如何划分？我们知道，中国的事业单位是公办的，公办的意思即国家投资，人员经费是在国拨的政策范围内，有偿服务的现象存在着，公共服务是其更大的社会职能。但由于历史的原因和国情的因素，事业单位的工资、奖金、福利往往又与各事业单位有偿服务得到的"经济效益"指标密切相关，这无形中诱导了事业单位淡化社会效益而看重经济指标。所以其服务的折扣就明显存在，群众或及其服务的对象就不满意，日积月累，社会矛盾就会凸显，造成社会新的不稳定。就教育来说，突出表现在教育公平问题、教育失衡问题、教育管理机制问题以及教育主管部门的经济效益观念问题。全国多数地方出现了上学难、就业难的现象，这当然与政府对教育这个事业单位政策的多次调整以及对教育的社会功能定位有相当的关系。高等教育、基础教育、职业教育这三块的定位目标在国家的教育发展纲要中已经明确，具体执行的政策水平千差万别，仅中等职业教育的有偿招生现象就使全国的职业教育市场脏乱不堪。老百姓一边享受着国家几个亿的助学金，一边让国拨的职业教育经费白白流进招生中介的腰包，政府在骂名中掏钱的做法也许不会长久，但对于教育的社会功能，以及在和谐社会建设中发挥的作用，我们丝毫不能懈怠。作为长期从事职业教育的我，认为国家赋予事业单位的职责必须明确，事业单位在执行国家政策时一定要不折不扣，事业单位的国拨经费一定是均衡的，考核事业单位的办法一定是社会的需求和承担社会职能的大小，国家对事业单位管理的相关政策一定是长期一贯的，对所有事业单位的政策也应该是一致的，如此才能平衡各个事业单位，才能使整个社会趋于和谐。

基于以上分析，事业单位是国有的，事业单位的政策是连续且长期稳定的，那么对事业单位的管理与绩效考核制度才能规范起来。在中等职业学校这样的中国事业单位，我们的绩效管理的做法有以下五个方面。一是岗位分析。严格科学的设岗是一切管理的基础。不同的事业单位岗位职数及岗位职责是有区别的。我校建校已经40余年，岗位的变化有许多时代的特征，但服务地方经济的职责始终没有变，设岗就有了依据，这样的设岗结果就会形成内在巨大的工作动力，为总体目标的完成提供了保证。二是定员，充分发挥每个员工的积极性。在事业单位，绝不是像企业计件工资那样，人多反而是坏事，在人情关系、面子的中国文化大环境下，够用、精干的人员肯定比人多的工作岗位产生的效益大。一般的事业单位领导往往认为人员经费是国拨的，没有成本概念，但事实证明这种思想是害人、害事业的，更重要的是打击了骨干分子的积极性。三是量化管理。从人的本性管理出发，人均有惰性；从人的心理分析，人渴望成功的体验。量化工作最大的好处就是让管理者和被管理者均清楚明白，人性的自尊会使奖罚的手段在量化管理的结果面前更被运用自如，量化管理的成效也就越发明显。四是定性分析。难以量化的不定因素与不可预测的突发事件使事业单位的管理复杂起来，定性分析在绩效管理中就必然有一席之位，员工的责任心、集体荣誉感，共产党员的党性原则、无私奉献的价值取向以及人格魅力因素的影响等都会伴随定性分析对绩效管理产生多少不等的影响，从而对整体目标产生作用。五是事业单位的文化精神力量对目标完成的集聚和促进。良好的、积极的、向上的精神状态和一个单位的工作作风、内在精神等在现代社会中对事业单位的作用不可低估，我校集四十余年的办学管理实践凝聚的"百折不挠、自强不息、强抓机遇、务实创新"的学校精神影响了几代学校的职工，目前学校正在朝着中原名校的目标努力，在学校精神的激励下，力争将绩效管理的效能发挥到极致。

（2008 年 5 月）

我校在和谐中猛进的薪酬体系之特色探究

在构建社会主义的和谐社会中，在改革开放的时代大背景下，每一个事业单位压倒一切工作的是和谐与稳定，然而发展是一个单位生存下来并持久地吸引员工的必由之路，科学发展是走这条路的必然选择。在中国强力发展的大格局中，东部改革开放的带动示范，西北大开发的隆隆炮火，催促着中原崛起。自2005年来国家大力发展职业教育，2008年又对职业教育的发展进行资源整合，大力推进，实施攻坚计划，办学40余载的新乡工贸学校唯有选择在和谐中猛进才能在职教市场上有一定份额，其中薪酬体系的设计是学校管理中的核心因素，主要特点体现在敢破敢立、重酬高层、尊重员工、注重业绩等方面。

一、打破旧的体系，建立新的体系，突出体现在一个"敢"字

1993年，当这所学校建校（中专）近10年时，主管单位省供销社给它"断奶"了，一直到2001年整整八年它成为中国职教市场中罕见的自收自支的事业单位，公办学校国家不拿钱的现实让这所学校的员工提前"下海"品尝了市场的酸甜苦辣。2001—2007年几乎又一轮八年，这所学校在半财政的状况下（即要求下放地市政府管理，主管单位未执行，财政体制不理顺），艰难地与市场抗争，虽然规模进一步发展壮大，但同时也背上了沉重的经济包袱，加上中职招生的巨大压力，学校发展步履维艰。2007年10月份，新一届领导班子上任，在"和谐"与"发

展"两大课题面前，勇敢地做出了破旧立新的重大举措，用一个全新的薪酬体系作为学校一系列重大改革的强大支撑，带领全校教职员工，让新乡工贸学校这艘大船乘风破浪，开拓猛进。至今一年半的时间过去了，学校基本上走上了良性的发展之路，文明和谐的校园文化体系正在构建，学校一派生机勃勃的景象。

1. 耳听为虚，眼见为实。一个校长新上任，如何带动班子及全校职工的观念转变，即使身上有一百张嘴也不够用。一个先进的体制作为新生事物要成长壮大，顽固的旧势力仍然有相当大阻力。短时间最好的办法就是"让更多的人去接受更多的人的讲解，让先进的团队去感染需要帮助转变观念的团队"。为此，学校在困难的经费面前，选择了让班子成员带队，组织所有中层干部参加参观团，在学习中，一个都不少，在参观后，人人谈体会。对比两所学校，亲眼看见，亲耳聆听，亲力亲为后，建立一套全新的人事分配制度的呼声自下而上，旧有的体制在强大的观念更新中土崩瓦解。

2. 结合实际，各取所需。外来的和尚会念经，马克思主义的基本原理必须与时俱进以后才能放之四海而皆准。学校敢于迎接新事物的挑战，也敢于正视本块田地的"乡土味"。做人的工作向来不是"三下五除二"式简单了事，解决自己的问题，构架新的分配制度必须对比举证，立足眼下，着眼未来，"不谋全局者不足以谋一域，不谋万世者不足以谋一时。"新乡工贸学校很好地结合自己的实际，理性地批判吸收，借鉴他山之石，较好地厘清了自己的发展思路。

3. 敢字当先，科学发展。敢为人先是这所学校多年秉承的办学理念。学校大胆改革了管理体制，让教研室成为既管学生，又指导教学，还推进思想政治工作的综合部门；分设了党办工会、人事保卫、考核督导办公室；重心下移，目标考核，绩效管理，优劳优酬，定期轮岗制度等一系列新的思想渐渐在古老的中专学校生根发芽。但行动的跟进并不意味着思想的全部转化，单位时间的评比结论以及让改革的成果惠及每一个职工的诚信办学，和谐工贸理念润物无声，学校在平稳中正在实现脱胎换骨的新生。

二、调动全方位的积极性，助推大船正确航行，处处要体现以人为本

1. 从全校人员的岗位工资和课时津贴中拿出一定比例的金额在年终评比发放，体现优劳优酬。对于行政后勤人员，在固定工资以外设立岗位工资，对于教师，在固定工资以外设立超工作量工资。这两部分工资的比例适当，拿出一定的数额，融入年终评比体系中，拿回的方案要涉及拿出的比例，档次渐次拉开，且成加大之势，并兼顾双方平衡。

2. 班主任津贴中，减少人头经费支出，增加考核质量工资，且让非经济性的报酬有所体现。在"大锅饭"的体制下，被动地接受班主任工作，交差应付的工作状态下难以产生优秀的班主任团队。改革津贴的分配办法，让那些想通过疲劳混报酬的人减少了，让非经济性的报酬不断实现，成为优秀班主任实现价值的有效途径。如班主任定期旅游，优秀班主任推荐干部比例加大，在职称评定中增加班主任的分值等。

3. 外在的薪酬增加，使广大职工以校为家，主人翁的意识不断增强。在新乡工贸学校，以前除工资以外，对外在的薪酬大家受多年体制影响几乎无所要求。改革分配制度，在和谐中强力推进学校发展的大氛围下，设立外在的薪酬不止为以人为本发展理念的最好注解。一年来，学校主要的外在薪酬体现在以下 5 个方面。①开设了职工食堂，每月增加 1000 元的补贴，让那些路远的、课多的、临时中午走不了的、恶劣天气下走不成的职工有了舒适经济的就餐条件，让大家体会到了学校的关心与温暖。②对青年职工的研究生学习，学校鼓励并支持，且在学校大计划中分期有比例地报销费用，大大助长了研究生人员上学及科研的积极性。③集体活动拉近了各部门职工的距离。在年终评选的先进集体中，学校加大奖励的力度，先进的集体成员抽出一定的时间可以放松自己的心情，拥抱大自然，让他们在先进的光环下尽享集体的快乐。④凡值班的职工，中午免费就餐。人虽不多，数额有限，但体现了学校对辛苦工作的同志的心意。春节坚守岗位的同志每年都要受到学校领导的亲自慰问。对于已退休的老同志，每年相关部门都要登门拜访问寒问暖，并给予最大能力的帮助。⑤加大资金，年终奖随学校决算情况拨出不少于 10 万元的专款对职工进行奖励。

三、发展是硬道理，大力发展依靠的是骨干精英，重酬先进与艰苦岗位是新的薪酬体系的特色

巴雷特法则又称 80/20 法则，它概括地指出了管理与营销中大量存在的一种现象，比如：20% 的顾客为企业产生了 80% 的利润或 20% 的员工创造了企业 80% 的绩效。据前者，营销界衍生了一套大客户管理的理论，而后者则促进了人力资源管理上的一种新理论——重要员工管理理论。新乡工贸学校在优化薪酬设计上，根据绩效考核，岗位测评，主要体现在以下几方面。

1. 招生工作上，多招生人员是当下学校工作的贡献巨大者，为此学校设立了专门的奖励办法，单独召开招生表彰大会，对招生工作做出巨大贡献者给予物质与精神的双重奖励。

2. 特岗特薪，新岗特薪。在学校发展的不同阶段，岗位的设置也在不断变化，其工作量也不同。尤其在学校每一次重大的人事改革制度面前，特岗、新岗均为人所关注，这也是领导最关心的事项。新乡工贸学校不遮不掩，特岗、新岗均设定特薪，且易岗易薪。各专业部、公寓办、班主任工作岗位在目标管理和绩效考核上就得到了这样的待遇，刺激新岗、特岗的薪酬变化，有力地捍卫了学校在和谐中猛进的管理体制。

(2019 年 12 月)

"国赛"工作系统管理要体现事物 矛盾双方的特性

在刚刚结束的 2009 年全国中等职业教育"丰田杯"汽车维修技能大赛（天津）上，我们学校两名选手分别获得全国第 11、12 名的好成绩，荣获全国二等奖的第 3、4 名。同时河南省教育厅破格任命学校为豫北汽车专业实训基地，划拨设备引导性资金 150 万元，奖励学校奖金10 万元，奖励参加比赛的选手 1 万元，奖励教练 1 万元，学校得到了社会的广泛认可。作为学校的教学副校长，我亲力亲为，参与接受任务、选拔队员、制订训练计划、落实责任、特殊辅导以及赛中指导的全过程，在遗憾没有拿到一等奖的同时，也很欣慰自己带领的团队第一次代表河南走向全国赛场就名气大振，自己也增强了不少的自信。但是仔细回味本次活动的方方面面，用组织管理学的系统理论对照来看，其有合理的科学的意义。

1. 比赛出场的是学生，实际难做的是学校和校长。有关设备准备方面、工作支持层面的问题，这里不再赘述。学校难的是教育行政部门的压力，校长难的是复杂的社会关系。因为单靠自身强硬的实力，一流的技能，闭门造车，闭目塞听，没有全国的顶尖专家的指导和邀请参观等活动，很难让没有多大名气的非省会城市的学校声名鹊起。我们要算成功的话，所谓的经验就是教练和校长像学生一样累，流一样多的汗水，在骄阳似火的炎炎夏日，仍感觉到做一件有意义的事情的快乐。的确这样做比较难！

2. 模拟比赛，让学生把训练当比赛，把比赛当训练。多次让选手在模拟比赛中流眼泪也许是真正比赛中出成绩的好方法。有了情景的模拟，心理的模拟，动作的模拟，成绩也许就能模拟了。在我们的训练场，周围环境的刻意渲染、比赛外围工作的细致入微、涉及人员的步调一致、干部群众的上下一心，还有初生牛犊不怕虎的坚定必胜信念，使我们的学生夜半三更还没有离开训练场地，清晨 5 点老师还没有去叫醒他们，他们就提前来到场地。眼泪是昨天的记录，今天新的要求还需用微笑来迎接。就是这样整整 75 天，大家每一个人紧张了 75 天，平均瘦了 5 斤，真正到了天津大赛，真枪实刀的战场，我们似乎轻松了几天，一切又都在预料之中，该有的都得到了，梦想的也能看到希望。

3. 教练的工作比学生难做，外围的工作比技能难做。教练是老师，与学生一样，也没有参与过比赛；但教练是成人，思考问题比学生要成熟和老到得多，需求的更多，担心的也更多，因而条件和要求也很多，工作的潜在动力的激发就难得多。校长与学校是一条线的，总之是在领导层面上的，荣辱不惊，眼界宽，境界高，得失少，思虑轻甚至坐山观虎，隔岸观火。但教练老师不一样啊，身在江湖，难以脱离干系，置身其中，荣辱与共，当然与领导与学校要谈要提所谓的条件。仔细分析，有管理的科学性引导，认真对待，用外围的大环境、大条件、大政策来将自己包括进去就很能理解和支持老师，做好了这样的工作，成功就离你走近了一大步。

4. 比赛的管理既是一个系统管理，又是一个特殊管理。管理学中常用的理论在现实中也经常得到验证，但是个案的管理，尤其特殊事件的管理往往新生许多例外的管理。比赛的管理本身不特殊，肯定是一个系统，我们将其作为一个系统去管，是重视活动和争取成功的前提。本次我们参加大赛的特殊性是肩负神圣巨大的使命，是不能失败的选择，是必须完成的任务。所以特殊的管理性就强化了。特殊不是仅仅重视，特殊重要的是政策要特别，管理的方式和方法要与众不同，要一事一议，特事特办。所以管理就必须有针对性，管理就要研究出新意，管理还要将确保成功作为唯一的结果。事实证明，我们这样做是正确的。

当然，我们仅仅参加了一次大赛活动，也许成绩的取得有我们不知不明的其他因素，也许是某些偶然的因素使我们侥幸成功。但从现实成功实践这一条来看，其很自然地符合了系统管理的辩证法，是遵循了事物双方矛盾的同一性与斗争性相统一的原理的。

以上分析也是我学习组织管理学的实践体会。

（2010 年 1 月）

对中职学校"绩效考核和
绩效管理"的思考

这篇文章写于 2012 年，那时学校绩效管理还要全额纳入省级财政，社会上关于绩效工资改革的议论沸沸扬扬。我正在攻读华中师范大学教育硕士心理健康研究方向。导师安排了一篇关于本单位绩效考核的调研作业，于是有了这篇文章。

本单位作为一所中等职业学校，在国家大力扶持职业教育的发展中也得到了政策方面的支持。由于是省属学校且学校在地方等许多方面的原因，学校的财政并非全供，而是差供，学校在工资改革方面相对较为滞后，还是执行原来事业单位规定的标准，也就是岗位工资＋薪级工资＋百分之十。这样一来从工资水平上来看很难体现出多劳多得的特点，影响到了职工工作的积极性。绩效工资的改革能够在一定程度上体现出收入与工作的公平性。

绩效工资的基本特征是将雇员的薪酬收入与个人业绩挂钩。业绩是一个综合的概念，比产品的数量和质量内涵更为宽泛，它不仅包括产品数量和质量，还包括雇员对企业的其他贡献。企业支付给雇员的业绩工资虽然也包括基本工资、奖金和福利等几项主要内容，但各自之间不是独立的，而是有机地结合在一起。与传统工资制相比，绩效工资制的主要特点：一是有利于雇员工资与可量化的业绩挂钩，将激励机制融于企业目标和个人业绩的联系之中；二是有利于工资向业绩优秀者倾斜，提高企业效率和节省工资成本；三是有利于突出团队精神和企业形象，增大激励力度，提升雇员的凝聚力。

绩效工资体系的不完善之处和负面影响主要是容易导致对绩优者的奖励有方，对绩劣者约束欠缺的现象，而且在对绩优者奖励幅度过大的情况下，容易造成一些雇员瞒报业绩的现象，因此，对雇员业绩的准确评估和有效监督是绩效工资实施的关键。

实行绩效工资的主要优点如下：

1. 将个人的收入同本人的工作绩效直接挂钩，会鼓励员工创造更多的效益，同时又不增加单位的固定成本。

2. 严格的、长期的绩效工资体系是一种有效的方法，让单位不断提升员工的工作能力，改进员工的工作方法，提高员工绩效。

3. 这种方法使绩效好的员工得到了奖励，同时企业也能获取、保留绩效好的员工。

4. 当企业经济不景气的时候，虽然没有奖金，但是由于工资成本较低，单位也可以不解雇人、少解雇人，让员工有安全感，增加员工的忠诚度；当经济复苏时，公司也有充足的人才储备。

实行绩效工资存在的问题如下：

1. 绩效工资鼓励员工之间的竞争，破坏员工之间的信任和团队精神。员工之间会封锁信息，保守经验，甚至可能会争夺客户。对那些一定需要团队合作才能有好的产出的企业，这种方法就不适用。

2. 绩效工资鼓励员工追求高绩效。如果员工的绩效同组织（部门、公司）的利益不一致，就可能发生个人绩效提高，组织的绩效反而降低的情况，这时候这种方法就失去了价值。例如，销售员为了达成交易，可能会对客户做出很多免费服务承诺，公司为了兑现承诺可能会投入很高的成本。

3. 员工可能为了追求高绩效而损害客户的利益。例如，保险公司的业务员，为了达成交易过度夸大保单价值。当其被客户识破后，客户有可能会要求退保，同时，保户也会不信任保险公司。再如医生为了增加效益，可能会给病人开高额药方，做不必要的昂贵检查，这种做法有违医院的宗旨，同时也会损害医院的形象。

4. 在行政事业单位中，绩效工资是由单位领导发放，而且还会使单位领导的权力更大，从而很可能导致单位领导更为严重的腐败行为。企业决策层在决定是否采纳绩效工资时，应该问的问题有：绩效工资制度是否有违组织的宗旨？绩效工资制度是否有利于实现企业的战略目标？绩效工资制度是否能提高企业的绩效？只要方案合适，绩效工资确实能给企业带来好处。

综合以上分析，我认为实施绩效工资制度还是非常有意义的：

1. 绩效工资制度是员工的绩效不同而导致其工资收入不同的工资制度。绩效工资是每一年都有浮动的薪酬，但不是会永久增加的固定薪酬。绩效工资制度不局限于流水线工人，而是可以被使用于任何公司的任何岗位，包括银行、会计师事务所、律师事务所，等等。

2. 绩效工资的目的是找出和奖赏绩效好的员工并且鼓励每一位员工都更加努力，以更好的方法去工作。

3. 真正的绩效工资制度是正规化的，而不是领导心血来潮给一些奖励。

（2012 年 3 月）

要维护与增进个体、群体的心理健康

一、关于维护与增进个体的心理健康问题

俗话说："火车跑得快，全靠车头带。"领导是企业全面工作的负责人，既要对企业的发展负责，也要对员工的成长和能力的提高负责。因此，领导就是健康员、监督员及调节员，面对个体的心理健康问题，领导可以从以下几个方面入手。

1. 企业风气及员工由此产生的士气对员工的工作积极性有重要影响。领导要树立良好的企业风气，在员工中形成高昂的士气。风气对人的影响不是直接强制的，而是通过微妙的情绪感染和多方面的暗示来体现的。良好的风气可以使人在不知不觉中受到经常性的教育影响，有潜移默化的功效。士气是在良好的心境中体现的一种能动作用，也是心理健康的一种反应。员工的工作动机和积极性只有靠领导的有效激励，才能变成工作的动力，也才能使员工在身心愉悦的环境中成长与发展。

2. 领导的作风与工作方法影响着企业群体中的人际关系。研究表明，员工在民主、友善的领导气氛中，更容易发挥积极性，反之则容易产生心情压抑、郁闷等消极情绪。

3. 领导应设法协助员工解决物质生活上的困难。物质生活不仅是员工成长与发展的基本条件，而且对员工的工作情绪有重大影响。经调查表明，员工的心理冲突与情绪困扰常与物质生活水平不高、不安心工作有关。

4. 为员工提供更多的娱乐时间与场所。领导一定要明白，正当的娱乐活动是调剂员工身心最有效的途径。员工只有休息好，才能工作

好，一张一弛，文武之道也。

5. 安排心理专家对员工进行心理健康状况调查，普及心理健康知识，及时发现并解决员工中存在的心理问题，确保员工没有心理疾病。

二、关于维护与增进个体与群体的心理健康问题

1. 提升管理水平，减缓管理心理压力，解决工作紧张给员工带来的心理问题。

据调查，目前企业员工的工作压力呈上升趋势，员工普遍感到工作中承受着较大的心理压力。压力过大会引起很多消极反应，如易疲劳、沮丧、记忆力、创造性下降，工作热情和积极性下降，还可能产生各种生理反应。这些反应虽然是员工个人的负担和痛苦，但无疑极大地影响着工作效率。因此，企业应处理好内部改革与企业和谐发展的关系，在改革中切实关心员工的利益，应充分了解企业员工的心理需要，加强研究，通过一定的管理机制合理满足需求，让员工感受到企业对员工的关心和爱护，从心理上亲近企业，减少畏惧感和逆反心理，形成企业内部良好的人际关系和宽松的工作环境，从思想上放松自己，避免工作心理压力的形成。

2. 加强员工心理素质的培养和训练，提高员工沟通减压的能力，解决人际关系沟通给员工带来的心理问题。

每一位员工不仅要在自己的工作岗位上与上下级和同事之间和谐相处，也要善于和外协关系及亲朋好友交流。缺乏良好的工作友谊与交流，会严重影响身心健康。针对员工在人际关系沟通中出现的心理问题，企业有必要引进心理培训，疏导员工减小不必要的心理负担和压力。企业培训时，需要认真地分析员工在人际沟通中出现心理问题的原因和表现形式，合理地选择培训的类型和方法，并对培训的效果进行合理的评估与反馈，以达到调适员工心态、改善员工心理模式的目的。例如，人际沟通情境模拟培训中的若干训练，使员工在开放的环境中意识到自身存在的问题，培养员工乐观积极的心态、宽容的品质、良好的情

绪控制和压力管理的能力，树立起健全的心智思考模式，从而消除员工在人际沟通中所产生的不必要的心理问题。同时企业可以采取要求员工定期上交工作汇报、管理者与员工的定期双向面谈、管理者与员工进行团队会谈等管理措施，以了解员工的工作情况和遇到的各种问题。当企业通过以上各种途径获取的信息了解到员工在人际沟通中遇到问题时，管理者就应该及时地指导员工，共同寻求解决问题的途径。同时企业还应该与员工共同分享各类与企业内部和外部沟通的有关信息，这些信息包括工作进展情况、员工工作中的潜在障碍和问题、各种可能的解决措施等。企业通过加强对员工的人际交往和沟通技巧培训，帮助他们从对人际沟通的质疑、怀疑、质难的情绪中摆脱出来，从而达到解除员工人际沟通方面心理障碍的目的。

3. 建立比较完备的心理健康教育和引导体系，解决员工因个人问题带来的心理问题。

心理的科学引导对心理的健康发展是必须的。员工心理问题的形成，有的可以通过自身的努力来得到缓解，有的却由于自身认识的局限和客观原因难以解决，心理引导机构的引入就能及时根据员工的心理状况加以适当的心理疏导，以减少心理焦虑的情绪。

我们只有不断坚持以人为本、遵循人性化管理的原则，从员工的心理特点出发，从重视员工心理健康教育做起，来做好员工的思想政治工作，才能确保员工的心理安全和健康始终处于最佳状态，从而达到企业顺利改制转型、和谐稳定发展的目的。

（2012 年 4 月）

应用心理学之角色心理的
冲突与思考

在现实生活中，每个人都扮演着不同的角色，而且角色是同时存在的。角色紧张、角色危机乃至角色崩溃的现象时有发生。当然，我们也欣喜地看到许多角色融合的现象。当前，我国大力倡导构建社会主义和谐社会，快节奏的社会现实、转型中的改革开放的社会大局、日新月异的周边新变化以及繁忙的工作状态和来自各方面的诱惑源源不断地冲击着各种角色和角色群，使我们每个人都在心理上承受着巨大的压力。随着年龄的增长，认知情感的固化，对角色的规范又时常被新角色的要求、新角色的义务挑战着。因此，矛盾与冲突可能不断升级，有的甚至超越了人的心理承受能力。

本篇文章仅就调研接触的角色（三个点）冲突进行描述归纳，并做适度的分析思考，从社会心理学的角度尝试着提出解决问题的设想方案。

一、中职学校的教师

伴随着我国大力发展职业教育口号的提出，中等职业教育的发展被提高到了战略高度。中职学校的教师中年龄 40 岁以上者，几近骨干精英，在从精英教育到大众化教育的过程中亲力亲为。如今面对着教育转型的新的考验，特别是河南省作为职业教育改革的示范区，又处在改革的风口浪尖，在不断加大力度执行"教师素质提高计划"中承担着许多责任与义务。第一，学生素质下降，教学质量要提高。第二，政府将中职教育提高到战略高度发展，社会却无情地将其打入最底层。学生走进中职学校无一例外的是家长无奈的选择，包括中职学校教师自己的子女也大概不能除外，关于这一点，华东师大职业教育研究所的教授专家也曾专门做过调研。第三，从事职业教育在社会上没有地位，打工的大学生甚至也弃之不选——低素质无成就感的学生教育着实让人头疼。第四，近不惑年龄的教师再学习、再提高的时间与精力不足。第五，中职学校新一轮的人事分配制度改革使广大教师的危机意识普遍提高。第六，中职学校招生难、就业质量不高的现实又是明显的社会现象。第七，教师的收入与其他职业的同龄人差距大的现实让其家庭的许多期待落空，这无疑让广大教师的心理"颇不宁静"……平心而论，许多社会心理学家都在努力寻找解决角色冲突的有效办法，想通过他们的努力使角色冲突降低到最低限度，同时，他们也提出了角色规范、角色合并、角色层次等办法。我认为，除此以外，还应注意以下几点。第一，强化中职教师的心理认知能力，似乎这一角色不能缺失这种能力，反而更需要。第二，释压的方式方法的研究应用。在快节奏的变革氛围中，释压不能仅是说说而已，要确实行动起来。第三，要将学校与家庭对同一角色的期望很好地统一起来，以人为本，关注民生，想办法让教师心理平衡，也许在"素食"的环境中营养平衡的状态就容易出现。这样，教学的成效肯定会比较明显。

二、而立之年的婚姻

明确地讲，婚姻关系是一种特殊形式的人际关系。本来，人际关系就是建立在个人情感基础之上的相互关系。有专家指出，人与人之间产生爱情只需要几秒钟的时间，但经营好婚姻却需要一辈子的努力。但在这种一辈子的人际关系的相处和经营中，在情感的磨合、润滑、滋养、升华过程中，而立之年的婚姻似乎最薄弱，更需要加倍呵护，虽还不至于战战兢兢、如履薄冰，但确确实实需要小心谨慎、精心呵护。

20世纪70年代西方社会心理学者将爱情的类型划分为六种，事实上，无论哪种类型，对于而立之年的婚姻都是一种考验。美国心理学家斯腾伯格在大量的文献综述和实证研究的基础上提出了爱情的三角理论，认为人类的爱情包括三种成分：亲密、激情、决定（忠守），它们组成了爱情三角形的三个顶点。我下面结合而立之年的婚姻现象进一步阐述爱情的本质。一是随着时间的推移，亲密的体验变化相对于其他两个因素平和了一些，只要双方没有过多时间的分开，即使吵闹不断，亲密温暖的体验不会丢失，反而会上升。因为人生的凄冷更多的靠两个人的肩膀共同抵御，风风雨雨后彩虹会更艳丽。二是在激情因素中，性的需要是主导方式，除此，自尊、养育、支配、服从以及自我实现也是产生激情的源泉。三是在斯氏理论的曲线图中，而立之年应是最佳时期，用心经营应该问题不大。我所关心的正是这第三点，表面看，曲线趋势是上升的，那是理想的爱情状态，也是完美的爱情显示。实际生活中，特别在当前开放的社会环境、新时代的网络传媒条件下，人际关系日益多样化，现实与理想的三角形的冲突，往往不是在沉默中或忍耐中走过来。不可否认，这种环境对前两个因素也有刺激，但难于把握的应是这一点，故空洞的承诺很容易迷惑人，时间到而立后，摊牌的可能性较大。因此，提醒人们交往应该谨慎。

三、角色变化中的人格

社会心理学家奥尔波特对 50 种人格的定义做过综述。人格在心理学上常用的解释乃是指一个人从整体上表现出来的心理面貌，可被通俗地理解为个性，也可理解为个体内在的行为上的倾向性，突出人的四个方面：全面整体的人、持久统一的自我、有特色的个人和社会化的个体。

通过对社会心理的观察与思考，我发现一个人的角色变化对人格的冲击不得不引起重视。一是文化角色的变化，能健康积极地提升人格。文化塑造人，健康的文化生活，将人的身心净化。二是地位角色的变化，考验人格。地位变迁，往往使倾心于权位者"找不着北"，人格的变化下滑占着主导部分，俗文化、传统观念渐渐固化，形象化的样子就定型了，人格容易变化。三是年龄角色变化，补充人格。善于总结的人，日积月累，感悟良多，长期以来对人的气质、习惯、动机、态度、价值、情操、趋向、观念等不断反思，取长舍短，丰富完善自我。

社会心理学研究应用的范畴极其广泛，我仅就这三个方面用心观察，加以思考，得出以上浅见，敬请斧正。

（2010 年 3 月）

基于核心素养，执着三教改革，
打造思政金课

我校认真学习习近平总书记在2018年9月全国教育大会上的讲话精神和进一步贯彻落实习近平总书记在"3·18"座谈会上对思政课教师的具体指示精神，紧密联系时代、国家和学校、学生两个方面的实际，持续推进"教师、教材、教法"等三教改革，不断探索思政课学科核心素养的提炼与培育路径，让身边的生动的道理更加闪亮，让"四有""六要""八个统一"在"三性一力"的实践中被更好地把握与运用并得到有效检验，培养更好更多且能够担当民族复兴大任的时代新人。

一、打造思政金课，首位的因素是教师

联合国教科文组织结合当今时代的发展和新情况，已经对教育重新进行审视和定义：教育绝不是选择知识、传授知识和怎样传授知识、怎样有效获得知识的问题，而是更多地将目光和精力集中在构建学习共同体方面。可以这样说，在农耕文明时代，教师学几年就可以教一辈子；在工业文明时代，教师学十几年才可以教一辈子；然而，在信息文明时代，教师只有学一辈子才能教一辈子。这或许是关于知识爆炸时代对教师拥有知识的直接表述。

2014年，我国关于中国学生发展的核心素养有了进一步的阐述，且更加明晰。总的说来，其有三个维度，一是聚焦文化基础，它包括人文底蕴（人文积淀、人文情怀和审美情趣）和科学精神（理性思维、批判质疑和勇于探究）两个方面；二是聚焦学生的自主发展，它包括学

会学习（乐学善学、勤于反思和信息意识）和健康生活（珍爱生命、健全人格和自我管理）两个方面；三是聚焦社会参与，它包括责任担当（社会责任、国家认同和国际理解）和实践创新（劳动意识、问题解决和技术运用）两个方面。

如此，思政课教师应对新时代和新任务，以核心素养为引领，以立德树人为根本任务，要做如下变革。

首先，理直气壮地选择做思政课教师并满腔热情地融入思政课的学习共同体中。"我们中国特色社会主义国家就是要理直气壮开好思政课，用新时代中国特色社会主义思想铸魂育人，引导学生增强中国特色社会主义道路自信、理论自信、制度自信和文化自信，厚植爱国主义情怀，把爱国情、强国志、报国行自觉融入坚持和发展中国特色社会主义事业，建设社会主义现代化强国，实现中华民族的伟大复兴之中。"按照习近平总书记对思政课教师的"六要"具体要求，政治要强，情怀要深，思维要新，视野要广，自律要严，人格要正，用思政课教师的"金身"对标核心素养培育的三个维度，"打铁"之前先"硬"自身。

其次，要争做"四个引路人"且身体力行，率先垂范。2016年9月，习近平总书记在八一学校考察时指出，广大教师要做学生"锤炼品格的引路人、学习知识的引路人、创新思维的引路人和奉献祖国的引路人"，思政课教师自然首当其冲，争做"四有"好教师，给学生做标杆、做示范、做榜样。

最后，思政课教师要在三条有效成长途径中做好"三家"。具体说来就是思政课教师要养成读书的习惯，将读书变成一种生活方式；思政课教师要随地、随时、随手、随心撰写教育教学随笔，不动笔墨不读书，将写作与读书这对好伴侣密切对接；思政课教师要及时反思，认真总结，不断提升自我，努力出彩人生。积极在"读书、写作和反思"的成长路径中善做"杂家"：熟悉国家最新的政策法规，尤其是职业教育方面；熟悉教育学、心理学方面的理论，尤其是职业教育方面的理论；掌握职校各专业的基本常识，尤其是专业动态。学做"作家"：经常撰写教育教学心得、杂记、文章、论文等。勇做"专家"：探寻教育教学规律，研究思政课教学特点，打造自己的教学特色和风格，将思政课的"八个统一"在实践中有效衔接。

二、打造思政金课，重要的抓手是教材

北师大顾明远教授曾说："在当今这个时代，教师已经不是知识的唯一载体，学生可以从电视、网络以及各种媒体上获取知识。教师的作用由过去单向地向学生传授知识，转变为指导学生自主获取知识、指导学生之间的讨论、开展师生之间的互动。"

学校的围墙即将被推倒，班级授课制正在接受挑战，现在三尺讲台在很多学校都已成为历史。传统的教学中教材自然是不可或缺的重要成分，今天也将成为变革的对象。然思政课不同，核心素养背景下，思政课的学科素养越来越被这样的几个关键词聚焦：政治认同、职业精神、法制意识、健全人格和社会参与。

马克思说："如果从观念上来考察，那么一定的意识形式的解体足以使整个时代覆灭。"可见，事关意识形态的安全之大事。习近平总书记2013年8月在全国宣传思想工作会议上的讲话指出："经济工作是党的中心工作，意识形态工作是党的一项极其重要的工作。"加强新时代意识形态工作毋庸置疑，思政课责无旁贷。

面对"课堂革命"日益高涨的信息化时代，思政金课的教材建设必然也将成为热议的话题。我们认为，应主要关注以下三个方面的关系。

一是纸质教材与云教材之间的关系。这是形式上的变革要求。思政课的传统与现代融合在教材方面的体现是迭代关系，不是取代关系；不是谁主谁次，而是此长彼长；不是谁强谁弱，而是优势互补。这是由思政课特殊的育人功能和立德树人的根本任务以及特殊的意识形态功能所决定的。中华民族的优秀传统文化和读书写作的良好传统不可能因第四次技术革命的到来而被弱化，相反，它们是互补和增强的，我们在优化

纸质教材的同时，绝不可小觑云教材的优势和所发挥的前所未有的作用。我们要充分认识到前者是根本，后者是关键；力争做到前者不能丢，后者更强化。

二是原著原理与生动道理之间的关系。这是内容上的变革要求。马克思主义的基本原理历久弥新，马克思主义基本原理的中国化进程不断开辟新征程，结出新成果。但在思政课的教学方面，长期以来我们有过教条主义、照本宣科、完成任务、强行灌输等做法，也的确让思政课的师生很受伤害。面对国外和国内的两个实际，针对思政课的"八个统一"要求，我们只有遵循三个让，即"让马克思说中国话、让思政老师讲家常话、让原著原理变成生动道理"，对各种形式的教材加以改造，才能完善思政金课的抓手。

三是隐性学习资料与显性学习资源之间的关系。这是对落实"三性一力"教材的回答。思政课要体现思想性、理论性、针对性和亲和力，过去有限的教材内容和教师的头脑不能有效应对信息化原住民——"00后"新一代的实际情况，这就要求我们做好三个工作以丰富新时代思政课的学习资源，提升思政课的学习效果。第一，开辟思政课实践教育基地，其可以在校内，也可以在校外；第二，请进思政课的"大咖"，丰富"三进"的内容；第三，线上与线下混合式学习资源间歇使用，以"学习强国"式的海量资源，让受教育者随时随地能学、可学、会学、乐学。我相信，再注意一下这样的现象——天边的不如身边的、国外的不如国内的、历史的不如现实的，思政课的教学内容一定会为思政金课的打造增色。

三、打造思政金课，抓狂的效果是教法

古希腊哲学家苏格拉底说："教育不是灌输，而是点燃火炬。"

思政金课的打造体现在教法上，我们认为在职业院校成功的实践做法主要有"三具"教学法。

一是道具法，也是氛围育人的好方法。教师要打造思政课堂的舞

台，营造育人的良好氛围。其结果必然是"一翻一瞪眼、一拍一叫唤!"将死气沉沉的传统课堂打造成生龙活虎的生态课堂。这种课堂学生嗷嗷叫；这种课堂老师团团转；这种课堂大家敢爱敢恨，尽情表达；这种课堂有声有色，活力十足。电视连续剧《闯关东》和《老酒馆》的两个主人翁分别由李幼斌和陈宝国扮演，"真爷们"的硬汉形象恐怕给人留下了很深的印象，可否也让我们的思政课堂借鉴一下影视人物的塑造方法，可否也让"硬道理""硬思想"和"硬品质"伴随着老师的道具表演"硬邦"起来，有些方面，在必要时也改改过去的"细雨慢渗"的做法，尝试"一抓就灵、立竿见影"的育人效果。

二是面具法。这具体说就是让师生都"戴上"面具，扮演角色，运用现代的声光音视频技术，用模拟的体验，近真实的感悟，甚至把"红红脸、出出汗、洗洗澡、治治病"这种党员领导干部真实的民主生活会的做法表现出来，的确也会使参与其中的师生神清气爽，灵魂得到洗涤和升华。关于采用多媒体手段，比如用时空连线、在线亲人、校企同频、穿越历史、未来你我等特色小视频、微课程、短链接载体，通过师生、家校、校企、朋友圈、微信群等，立体交叉、活灵活现、真人真情地让受教育者身临其境、不自觉地全身心地融入情景之中，在情景交融之中让自己热血沸腾、思绪万千而又摩拳擦掌、跃跃欲试。

三是工具法。教具的概念是宽泛的，是实践性的，是信息化的，是学习共同体式的。职业院校要培养担当民族复兴大任的时代新人，培养德智体美劳全面发展的社会主义建设者和接班人，培养高素质的劳动者和技术技能型人才，建设知识型、技能型、创新型劳动者大军! 为此，对职业院校的思政课程与课程思政的紧密关联性有更高的要求。如学科专业的教具、智能手机应用软件、时效性教育的仿真实验、VR 技术的专业教学等，思政课的教育身影不能消失，否则"两张皮""不一样""相抵消"的现象就会大量出现，思政课程的效果就会大打折扣。

另外校企协同育人、家校共同育人、内外同向育人，让思政课的核心素养培育发生正向激励作用，也是教法在不同学习领域、学习场所、学习协同的进一步发挥。

2018 年 9 月 10 日，习近平总书记在全国教育大会上讲："培养什么人是教育的首要问题。我国是中国共产党领导的社会主义国家，这就决定了我们的教育必须把培养社会主义的建设者和接班人作为根本任务，培养一代又一代拥护中国共产党领导和我国社会主义制度、立志为中国特色社会主义奋斗终身的有用人才。"打造职业院校的思政金课是完成教育根本任务的有效措施，根据国家有关职业学校"三科"标准的研讨与进一步实践，我坚信一定会出现更多更好的"金课"探索，来确保我们培养高质量的技术技能型人才。

（2018 年 12 月）

笑对职校生：人人皆可成才，
处处人生精彩

我的人生已过"知天命"之年。所谓"知天命"有多种解释，其中有知"使命"之意。

我是一名彻头彻尾的职业教育工作者。二十八年前，我刚参加工作时，单位名称是新乡供销学校，这是一所全日制普通中专。入校的学生大多转户粮关系，包分配工作，有干部身份，那时尚没有提出职业学校的概念，之后学校三易其名。伴随着国家教育制度的改革，职业教育渐渐成为一种类型教育，而非层次教育。职业教育经历了"三十年河东"与"三十年河西"的变化。我庆幸自己始终与大多"意志坚定者"战斗在同一个战壕。虽然，我没有"四有好教师"的光环，但是经过二十八年的职业教育求索，我很高兴得到了大家的肯定与认可，荣获了"河南省优秀教师""省级学科带头人""省级教育管理先进个人""河南省教育教学专家"的称号。故，在新学期开学之际，我非常乐意与职校生说几句知心话，我认为这是我的责任，更是二十八年职教生涯的使命。

一、"跑"出自信人生的状态

我本人原不是主动乐意跑步的人。跑步在我人生的五十年中从没有占据多长的时间，更没有什么显赫的位置。近三年来不同了，我利用在党校两个月脱产学习的大好时机，除安排好必修课程的学习以外，我主动给自己加了一门体育课——跑步，且风雨无阻，并天天记录。意想不到的结果出现了，五十天后我的体重下降了五公斤，我得了八年的高尿酸血症的指标第一次奇迹般地恢复正常了，并且这让三级甲等医院的医学专家惊讶。我可以说是尝到了"跑"的甜头，我的精神头儿一下子像打了兴奋剂，心理因素加上体能的增强，使我从此工作学习生活信心倍增。

返回学校以后，我召集 13 名体育老师开了个会，借鉴我的做法，考虑职校生的实际，拿出了具体的"跑步健身 ABC 方案"。现在，每当晚自习、早操后、双休日等特殊时段，当我看到操场上主动跑步的学生你追我赶、一片欢腾的场面时，我打心里高兴！2018 年 8 月 26 日，西湖大学首任校长施一公带领其团队在当天早上 5 点环西湖跑步 11 公里，这天也正是西湖大学经教育部批复后 120 名首届博士生开学的日子，这位中国当代知名的科学家将这样特殊的礼物赠送给西湖大学黄埔一期的学生，希望他们能加入环西湖长跑的队伍，在未来的日子师生并跑前行。

同学们，每一个来到新学校的人，可能像我一样，原来并不是主动愿意跑步的，但我坚信，只要你选择了这样一项人人皆可选择的健身项目，并坚持下来，持之以恒养成习惯，你一定会一扫阴霾，走向阳光灿烂的未来。因为跑步给予每一个坚持下来的人，绝不仅仅是健康的体魄，更重要的是它会给予你自信人生。

二、"跳"起摘取甜美的果实

职校生来到学校大多是迷茫的，原因不言而喻。但是，职业教育对技能型人才需求的标准是明确的，校企合作对岗位的具体描述又是客观的。无论你选择是升学还是就业，都不允许你再按照以往的方式混日子了。若像以前那样混日子的话，"毕业就意味着失业"的厄运就落到了你的头上，这是谁也不愿看到的。

所以，职校生自进入学校的那一刻起，就要适度确定自己的学习目标，规划一下自己的职业生涯。这样做是一件很有意思的事情。我举个例子说明：在北方农村，人们盖房子，上大梁的时候，主人为图吉利，常常要"贴红对联、抛洒糖果"，此时无论你是贫贱还是富有，不管你是大人还是小孩，更不论你是何等身份，但凡是在场或是路过都会蜂拥上前，一哄而"抢"，有"战果"者，都非常高兴，原因是这样的"战果"是经过自己努力获得的，感觉分外香甜。进入职校的学生，我们要记住两句响亮的口号：一句是"职业教育有大赛"，另一句是"所有人的幸福都是奋斗出来的"。你的能力水平允许与他人有差异，你的基础甚至可以为零，但是你如果不设定可行的人生目标，通过自己的奋斗，"跳"取职业岗位所需的技能与素养，不主动参与各级各类的竞赛活动中，你真的没有香甜的"战果"可以享用，终将被这个时代所抛弃。实际上，从入校军训和专业教育开始，你就应该有了小小的目标，通过点点滴滴的成绩积累，一步一个脚印执着前行，每天努力一点点，你肯定会成为幸福的新时代青年！

三、"玩"出职校学习的花样

在这里，我无意阐述学习到底是痛苦的还是快乐的，实际上，这并不是学习的内涵要义。我想告诉同学们一个概念是：用心！只要你用心了，"痛并快乐着"，若不用心、不情愿，即便"再好吃的饺子，你总有吃腻的那一天"。在媒体上许多年轻人沉迷网络游戏、自悔人生的例子不在少数，这样的"玩"挺让人害怕，基于中学时代"应试教育的贪玩"，也同样不能升学或达到人生的总目标。我推荐的是，在职业院校大力倡导"玩中学"，在职业院校，你真的可以感受到一种全新的学习形式，你真的可以明白"应试"只是人的综合素质的一个组成部分，除此之外，还有技能的学习，实践动手能力的操作和岗位标准化流程的模仿。这是一种丰富多彩、兴趣十足又"玩"味盎然的有序的教与学的完美结合。

我举一个学习汽车运用与维修的例子。传统的专业学习是这样的：专业—课程—模块—项目—考核；深度校企的职业院校的学习发生了根本的变革，由岗位—工位—流程—标准—评价组成。在具体的操作层面，我们的"玩中学"是这样进行的。一是借助云平台发布学习资源，这种学习资源是可视化的，带游戏性质的，轻松易学的。二是企业见习，即老师带着你们到企业"转转"，认认"东西"。三是带你来到将要从事的具体岗位，见见企业维修的师傅真人，让他与你聊聊天，"东拉西扯"中，感悟一下如何在这里"赚钱"，即体现价值。四是给你穿上"新衣服"实战一把，"红红脸、出出汗"，让师傅手把手教你"真玩"一下。五是你会在此时想咨询老师或师傅：怎样才能玩出名堂，玩出花样？他们告诉你，你乐意听的，就是最难最枯燥的职校理论学习。最后，你的"作品"，会有人给你点赞或差评，这就是你的成绩单。同学们，职校的核心技能学习就是这样举一反三的，"成功并不像你想象的那样难！"只要你肯玩，做到"玩中学"，你定会拥有出彩的人生。

四、"笑"中感悟职业的魅力

我不知道职校生有多长时间没有真正地开怀大笑一次了，因为贴在你们身上可值得骄傲与自豪的标签实在太少了。我们未来的岗位需要我们职业微笑，我们真实的生活需要我们开心欢笑，我们之间的真诚友谊需要彼此会心一笑，我们的亲情友情更需要感恩笑对、以笑回报。

职业院校应该是笑声不断的地方，因为这里是青年人成长的沃土，社会主义核心价值观和新时代核心素养要求我们在快乐中成长，在笑声中进步，在自信中成才；职业院校又是技能学习、沙场秋点兵的战场，在技能学习的大氛围中，在"跑"与"跳"中"玩"的同学们，一定会有许许多多的小成功，它时常会带给我们笑的理由，在笑中留下奋斗的足迹，在笑中品味校园的美好；职业学校还是向美向善的一块净土，当我们反复追问教育的本真、宗旨与意义时，美好心灵的塑造与健全人格的培养首当其冲。有人讲，一切的科学研究都是对美的发现与创造；一切幸福的追求都是对善的阐释与饯行，当美与善的氛围充分营造起来时，职校生的生活肯定是充满阳光的。你们的职校生涯，将在笑声中起步，微笑伴随全过程，一直笑到最后！一定要坚信，你真诚的笑与自信的笑将成为你终身职业素养的最重要组成部分，将成为你走向事业更大成功的不二法宝。

同学们，你们青春好年华多么值得庆贺与羡慕啊！如果你愿意，我将倾我所有的奖杯与荣誉换回你几年的美好青春。当然，我知道这是妄想。时值开学之际，面临着你们人生重大选择，不管是在什么样的情况下你来到了职业学校，我由衷地告诉你们职校学习生活的四字真言："跑、跳、玩、笑"。我真心期待一个全新的你，从"跑"开始，"跳"取目标，"玩"中学习，"笑"对人生。这样的话，我们国家职业教育的惠民政策才真正落到了实处，全社会大力营造的"人人皆可成才，人生处处精彩"的良好氛围才能形成。我愿意在有限的职业时光里与你共同度过一段人生美好的生活。

林语堂评价苏东坡的一生是人生的盛宴。在中国历史上，没有人比苏东坡更善于发掘生活的快乐，借此，我愿意学习苏东坡，在职校的天地里与你们一起"跑、跳、玩、笑"，积极发掘职校更美的生活。

（2018 年 6 月）

说在后边的话

我国著名前语言学会会长、北京大学副校长、中国社科院南亚研究所所长季羡林有句名言：真话不全说，假话全不说。我深以为然。

这里，我呈现给翻开此书的你，还有两个人的话，都是关于我和这本书的。一个是我校首届普通中专88届棉花检验班毕业生赵文辉；一位是我的学生朱晓莉，她是我校95届棉花加工班毕业生。他们都熟知我，此书的样稿和相关情况他们也了解，故写出了下边的话。

白老师勤思考，爱读书，笔耕不辍，为我们这些学生树立了榜样。这本书需要的不是赞美，而是感恩。

——中国作协会员、新乡市作协主席 赵文辉

(2020年3月6日)

中专三年，白老师是我的班主任，教我们哲学课。那时他不过二十五六岁，戴一副眼镜，一张娃娃脸充满着青春的活力。白老师上课时总是滔滔不绝，游刃有余，讲到精彩处神采飞扬，引领学生进入一个陌生而有趣的哲学王国。从浅显的唯物主义原理到深奥的哲学理论都如此美妙，给人开阔的视野和学习新知的乐趣，常常下课了，同学们还沉浸其中，回味无穷。

那时候班上有一位侯同学出于对白老师的仰慕，刻意去模仿他潇洒的粉笔字。到快毕业时我们都惊叹他写的字竟同老师一个样了。连老师也不住地夸奖呢。

我对白老师的敬慕，不仅是教学上的严谨，还有他待人处事的态度。老师是学校活动的积极分子，也希望学生都能做到最好。学校每学

期都举办各种活动，如演讲、歌咏以及各种体育比赛等，他每次都不甘落后。体育比赛时他是同学们的教练，手把手地教，和一个个从没有摸过排球、篮球的农家孩子一起挥洒汗水。演讲比赛时他和学生一起准备材料，一遍遍推敲，不放过点滴的细节。课余时间他和我们在办公室排练过节目，而他自己也是校文艺队架子鼓鼓手。

有一次，校举办春季运动会，我所在的410寝室没有人报名参赛。晚自习时老师把我叫到走廊上问原因。我说这也不行，那也不强。白老师就说："那就让其他学生参加，你们寝室负责提水、拿毛巾、搞服务吧。"我说"中"。"你觉得中吗？"白老师火了，"作为寝室长都抱着这样的态度，其他人怎么会积极。"停了停他又说，"其实，也不是谁比谁更优秀，只是能不能表现出来，你不试一试，怎么知道行不行。"当时把我说得流泪不止。结果我们寝室的八名女生全都参加了比赛，大家一起锻炼一起努力，并取得了不错的成绩。

可惜在那时我们并没有理解老师，还在背后说老师爱面子，拿学生的成绩证明自己的能力。可是在这样一次次活动中，我们变得大胆了，开朗了，甚至"多才多艺"了，我们才渐渐明白老师的良苦用心。他总能看到学生的长处与潜能，推着你往前走，他让你在成功的喜悦中知道自己其实能做得到。

现在，我成了一名小学教师，才明白老师教会了我很多。他不甘平庸的精神一直影响着我，让我不断努力。最重要的是让我知道作为一名老师应该怎样去做，那就是热爱工作，尊重学生，把自己的职业看作展示才华的舞台，在平凡的点点滴滴中展现积极乐观的人生态度。所以现在的我，在乎给学生的每一个评语，会把开水递给学生，会在教室里弯腰捡起落在地上的书和笔，会给帮我的学生说一句"谢谢"，会用微笑鼓励学生。

或许世上没有一位教师具备"好老师"的所有标准，但能成为学生心中的记忆并得到尊重是对老师最大的褒奖。就像白老师，在他的学生离开学校这么多年后，还常常被记起，这就是幸福的。他也许并不知道这些。很多同学学习的专业与现在的工作没有一点联系，但在学校生活使我们每一个人在认知上都有一个跨越式的提升，因为很多东西都是有共性的。

感谢白国祥老师！感谢所有的老师赠予我们花样年华中最好的礼物！

朱晓莉（2015 年春节）

注：朱晓莉，我的学生，92 级棉花加工二班，现安阳滑县某小学教师。这篇文章是 2018 年晓莉同学有了我的微信联系方式后发给我的，比较真实地还原了 26 年前自己做班主任时的工作状态。知悉了晓莉等同学的感悟，作为老师的我高兴地走在职教的大路上。

大部分作家写完一部著作，都会由衷地感谢一番。这不是客套，我也不是作家，但我深深地体会到了。我要感谢促我成长发展的化工路 14 号的 56 亩热土，更要感谢职业教育的美好新时代，也不忘感谢深情关注、默默支持的亲朋好友。